Literaturtheorien zur Einführung

Oliver Simons

Literaturtheorien zur Einführung

JUNIUS

Junius Verlag GmbH
Stresemannstraße 375
22761 Hamburg
Im Internet: www.junius-verlag.de

Umschlaggestaltung: Florian Zietz
Titelbild: Oliver Simons
Satz: Junius Verlag GmbH
Printed in the EU
ISBN 978-3-88506-083-3
2., überarbeitete Auflage 2014
(zur Einführung; 362)

Bibliografische Information der Deutschen Nationalbibliothek
Die Deutsche Nationalbibliothek verzeichnet diese Publikation in der Deutschen Nationalbibliografie; detaillierte bibliografische Daten sind im Internet über http://dnb.d-nb.de abrufbar.

Zur Einführung ...

... hat diese Taschenbuchreihe seit ihrer Gründung 1978 gedient. Zunächst als sozialistische Initiative gestartet, die philosophisches Wissen allgemein zugänglich machen und so den Marsch durch die Institutionen theoretisch ausrüsten sollte, wurden die Bände in den achtziger Jahren zu einem verlässlichen Leitfaden durch das Labyrinth der neuen Unübersichtlichkeit. Mit der Kombination von Wissensvermittlung und kritischer Analyse haben die Junius-Bände stilbildend gewirkt.

Von Zeit zu Zeit müssen im ausufernden Gebiet der Wissenschaften neue Wegweiser aufgestellt werden. Teile der Geisteswissenschaften haben sich als Kulturwissenschaften reformiert und neue Fächer und Schwerpunkte wie Medienwissenschaften, Wissenschaftsgeschichte oder Bildwissenschaften hervorgebracht; auch im Verhältnis zu den Naturwissenschaften sind die traditionellen Kernfächer der Geistes- und Sozialwissenschaften neuen Herausforderungen ausgesetzt. Diese Veränderungen sind nicht bloß Rochaden auf dem Schachbrett der akademischen Disziplinen. Sie tragen vielmehr grundlegenden Transformationen in der Genealogie, Anordnung und Geltung des Wissens Rechnung. Angesichts dieser Prozesse besteht die Aufgabe der Einführungsreihe darin, regelmäßig, kompetent und anschaulich Inventur zu halten.

Zur Einführung ist für Leute geschrieben, denen daran gelegen ist, sich über bekannte und manchmal weniger bekannte Autor(inn)en und Themen zu orientieren. Sie wollen klassische

Fragen in neuem Licht und neue Forschungsfelder in gültiger Form dargestellt sehen.

Zur Einführung ist von Leuten geschrieben, die nicht nur einen souveränen Überblick geben, sondern ihren eigenen Standpunkt markieren. Vermittlung heißt nicht Verwässerung, Repräsentativität nicht Vollständigkeit. Die Autorinnen und Autoren der Reihe haben eine eigene Perspektive auf ihren Gegenstand, und ihre Handschrift ist in den einzelnen Bänden deutlich erkennbar.

Zur Einführung ist in verstärktem Maß ein Ort für Themen, die unter dem weiten Mantel der Kulturwissenschaften Platz haben und exemplarisch zeigen, was das Denken heute jenseits der Naturwissenschaften zu leisten vermag.

Zur Einführung bleibt seinem ursprünglichen Konzept treu, indem es die Zirkulation von Ideen, Erkenntnissen und Wissen befördert.

Michael Hagner
Dieter Thomä
Cornelia Vismann

Inhalt

Anhang

Einleitung

Theorien gelten oft als unzugänglich. Selbst Lehrbücher pflegen mitunter einen eigentümlichen Umgang mit theoretischen Schriften: Sie werden meist erklärt und zusammengefasst, nur selten aber textnah diskutiert. Die Literaturwissenschaft ändert ihren Stil und ihre Arbeitsweise, wenn sie sich auf Theorien bezieht. Trotz zahlreicher Einführungsbücher gibt es nur wenige Analysen theoretischer Texte, ihrer Schreibweisen oder ihrer Geschichte als Genre. In den nachfolgenden Kapiteln werden Theorien auf diese Weise vorgestellt. Ziel ist es, die Darstellungsformen, bevorzugte Metaphern und Denkfiguren in einer Auswahl wichtiger theoretischer Schriften zu erörtern, um den Leser mit konkreten Lektürevorschlägen an exemplarische Texte heranzuführen.

Die in diesem Band behandelten Theorien werden anhand eines spezifischen Problemzusammenhangs pointiert vorgestellt (für die eingehendere Behandlung der jeweiligen Autoren findet sich im Literaturverzeichnis eine Vorauswahl weiterführender Texte). Statt die theoretischen Konzepte chronologisch oder nach Schulen zu ordnen, basiert diese Einführung auf einem abstrakteren Modell. In der Sprachwissenschaft gibt es eine schematische Darstellung, das sogenannte semiotische Dreieck, mit dessen Hilfe man Sprachkonzepte seit der griechischen Antike veranschaulichen kann. Aristoteles etwa unterscheidet das Zeichen von einer Seelenregung, die es auslöst, einer Vorstellung also, die sich wiederum auf das eigentliche Ding, ein reales Objekt bezieht. Zeichen, Vorstellung und Ding sind die drei zu unterscheidenden Aspekte seines Sprachmodells. Als Darstellungsmittel hat sich das semiotische Dreieck etablieren können, weil auch nach Aristoteles Sprachtheorien zumeist auf eine vergleichbare Dreiteilung zurückgreifen. Obgleich die Definitionen der drei Elemente des Modells und ihre begrifflichen Benennungen durchaus strittig sind, eignet sich das semiotische Dreieck dennoch dazu, einige grundsätzliche Unterscheidungen schematisch vor Augen zu führen. Zeichen beziehen sich nicht unmittelbar auf eine Wirklichkeit, sie sind kein Abbild der Realität, sondern durch ein Drittes vermittelt. Das Zeichen in seiner materiellen Existenz (der Signifikant) ist daher zu unterscheiden von seiner Bedeutung, der Vorstellung (dem Signifikat), mit der man es assoziiert, die wiederum nicht identisch ist mit dem realen Ding, dem Referenten. Da sich Literatur mittels Sprache auf Welt bezieht, bedienen sich Literaturtheorien, so die Annahme dieser Einführung, eines ähnlichen Schemas und heben jeweils einen seiner Aspekte besonders hervor: den der Materialität des Zeichens; den der Bedeutung, die man mit den Zeichen assoziiert; oder aber sie beziehen sich auf Kontexte und konkrete Sachverhalte jenseits des Textes, die hier als Referenten bezeichnet werden. Die drei Kapitel dieser Einführung folgen diesem Modell und gliedern die Literaturtheorien systematisch nach Zeichen, Bedeutung und Referenz.

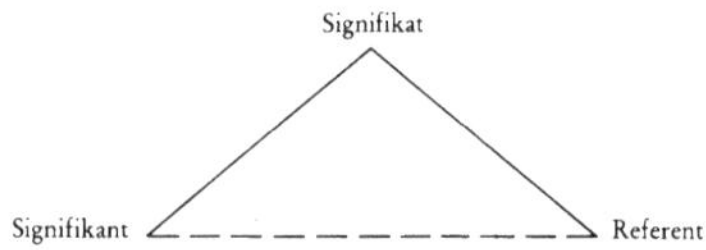

Abb. 1: Das semiotische Dreieck (Eco 1977, 28)

Mit dem semiotischen Dreieck lässt sich aber auch eine historische Ausgangslage skizzieren. Wie Umberto Eco in seiner Geschichte der Semiotik ausführlich beschreibt, gab es nicht nur eine anhaltende Kontroverse über die Definition seiner Eckpunkte, das Dreieck wurde auch insgesamt als »schädliches Schema« infrage gestellt, ganz besonders zu Beginn des zwanzigsten Jahrhunderts. (Eco 1972/2002, 69) Ist die Unterscheidung von drei Aspekten wirklich erforderlich, um die Funktion von Zeichen zu erklären?

Der Genfer Linguist Ferdinand de Saussure (1857–1913) etwa beschreibt Zeichen als *zwei*gliedrig, für Objekte ist in seinem Modell kein Platz. Ob Zeichen eine reale Entsprechung haben oder nicht, sei unerheblich für die Erklärung ihrer Funktionsweise. Die Sprache ist nach de Saussure keine Nomenklatur realer Dinge, den Referenten erwähnt er lediglich, um ihn aus seinem Modell auszuschließen. Und seine Zeichentheorie steht für eine allgemeine Tendenz um 1900. Mit dem sogenannten *linguistic turn* entsteht nicht nur die moderne Sprachwissenschaft, auch in der Philosophie bekommt die Sprache einen neuen Stellenwert. Der *linguistic turn* eröffnet eine neue Denkweise, man beschreibt nicht mehr das Subjekt und sein Erkenntnisvermögen als Bedingung des Wissens, sondern die Sprache und ihre Gesetzmäßigkeiten. Diese Hinwendung zur Sprache bringt eine Abkehr vom Referenten mit sich, denn jeglicher Wirklichkeitsbezug ist über Zeichen vermittelt, deren Funktionsweise und Regeln man nun untersucht. Für eine Sprachtheorie wie die de Saussures scheint das semiotische Dreieck folglich gar nicht mehr brauchbar, im Gegenteil: Ist das Dreieck nicht ein überholtes, ontologisches Modell, weil es dem Realen noch immer einen Platz reserviert? Dies suggeriert zumindest Umberto Eco in seiner Einführung in die Semiotik. Das semiotische Dreieck sei mit einer »bleiernen Last« beschwert und würde die Befreiung vom »fatalen« (Eco 1977, 149) Referenten nicht gerade erleichtern, weil es ihn ständig in Blickweite hält und somit fälschlicherweise suggeriert, dass es einen Zusammenhang gibt zwischen der Sprache und den Dingen. Genau darum aber, so die Annahme dieser Einführung, eignet sich das semiotische Dreieck als Beschreibungsmodell für die Literaturtheorien des zwanzigsten Jahrhunderts. Denn wie sich zeigen wird, ist die Abkopplung vom Referenten keineswegs einfach. Auch wenn der Referent *per definitionem* unerreichbar wäre, so scheint er doch auch bei de Saussure noch vorausgesetzt, denn immerhin begründet de Saussure die Sprachwissenschaft, indem er sprachliche Zeichen von den Gegenständen an sich unterscheidet. Auch wenn de Saussure also keine Aussagen über reale Objekte trifft, die Unterscheidung von Dingen und Zeichen ist dennoch konstitutiv für seine Sprachauffassung.

Das semiotische Dreieck eignet sich aber auch darum für eine Skizze der historischen Ausgangslage, weil nicht jede Literaturtheorie gleichermaßen von einem zweigliedrigen Zeichenmodell geprägt ist. Literatur wird auch im sozialen Kontext gelesen, man fragt nach Rückkopplungen mit der materiellen Realität, fragt nach dem Körper oder der Geschichte im Text. Gerade am Ende des zwanzigsten Jahrhunderts wird die Literatur als nur eine Form symbolischer Praktiken gesehen, die nun von einer umfassenderen Kulturwissenschaft untersucht werden. Nachdem Saussure und der Strukturalismus die Literaturtheorien für Jahrzehnte geprägt haben, scheint die Anziehungskraft von Referenten am Ende des zwanzigsten Jahrhunderts stärker zu werden. Zu beobachten ist, dass sich Theorien entweder von der Zeichentheorie distanzieren oder aber die Funktion des Referenten neu überdenken. Schließlich lässt sich der Referent nicht nur als ontologisches Objekt oder Ding an sich konzipieren, sondern auch als Form der Gegenständlichkeit, die als Bestandteil kultureller Zeichenpraktiken angesehen werden muss. Dementsprechend ist auch das semiotische Dreieck als ein Schema zu verstehen, das die Relationen der unterschiedlichen Zeichenaspekte benennt.

Folglich wird es auch in dieser Einführung nicht etwa darum gehen, die einzelnen Theorien auf jeweils einen Aspekt des semiotischen Dreiecks festzulegen. Die Zuordnungen sind vielmehr heuristischer Art, ein Leitfaden für die Lektüre der Texte im Hinblick auf eine spezifische Fragestellung. Und zweifelsohne ließen sich manche der hier vorgestellten Theorien auch anders gruppieren. Wäre Freuds Traumdeutung nicht im Kapitel über hermeneutische Theorien besser platziert? Und ist Ricœurs Hermeneutik, hier als eine Theorie der Bedeutung angeführt, nicht am Problem der Referenz interessiert? Als Modell für die Geschichte der Literaturtheorien eignet sich das semiotische Dreieck aber auch darum, weil es die einzelnen Aspekte ja gerade nicht voneinander isoliert, sondern Bezüge zwischen ihnen kenntlich macht. Strukturalisten etwa orientieren sich zwar vornehmlich an der Funktion sprachlicher Zeichen, aber auch sie beschreiben, wie Bedeutungen hervorgebracht werden. Wie wir in den nachfolgenden Kapiteln sehen werden, bedingen die einzelnen Aspekte einander, entweder in Form konkreter Bezugnahmen oder aber als Abgrenzung und Unterscheidung. Mithilfe des semiotischen Dreiecks lassen sich also nicht nur Schwerpunkte der jeweiligen Theorien markieren, es zeigt auch deren Grenzen und methodischen Herausforderungen an.

Für den *linguistic turn* ließen sich ganz unterschiedliche Autoren nennen: Friedrich Nietzsche, Gottlob Frege, Ludwig Wittgenstein oder Charles Sanders Peirce unter anderen. In der Geschichte der Literaturtheorien am wichtigsten ist jedoch zweifelsohne Ferdinand de Saussure. Seine von Albert Sechehaye und Charles Bally postum 1916 herausgegebenen Vorlesungen über die *Grundfragen der allgemeinen Sprachwissenschaft* sind eine Propädeutik für das Verständnis von Literaturtheorien des zwanzigsten Jahrhunderts, weil ohne Kenntnis ihrer Begrifflichkeit ein Großteil der Theorien einfach nicht lesbar ist. Um einige der wichtigsten Definitionen zu nennen: Sprachliche Zeichen sind nach de Saussures Vorlesungen nicht nur abgeschnitten von realen Referenten, sie sind auch in sich selbst unterteilt. De Saussure unterscheidet das »Bezeichnende«, Signifikanten, und »das Bezeichnete«, Signifikate – die äußere Form des Zeichens und seinen Vorstellungsinhalt. (Saussure 1916/1967, 79) Beide sind unterschieden und doch nie getrennt voneinander – wie die zwei Seiten eines Blatt Papiers. (134) Trotz dieser engen Verbindung ist die Beziehung von Signifikanten und Signifikaten den Vorlesungen zufolge »arbiträr« (135), d.h. beliebig; es gibt keinen außersprachlichen Grund, warum man mit einer Lautfolge eine bestimmte Vorstellung assoziiert, Signifikat und Signifikant sind nicht fest verfugt, wenngleich man sich ihrer Differenz gar nicht bewusst wird. Sprachliche Zeichen haben keinen substanziellen Bedeutungskern, sie sind relationale Gefüge, folglich aber auch veränderbar. Die Bedeutung eines Zeichens ist ein »Wert« (132), der sich von Fall zu Fall aktualisiert, denn so unverrückbar die Bedeutungen auch scheinen mögen, eine Lautfolge wie »Baum« etwa kann verschiedene Vorstellungen hervorrufen. Jedes Wort ist »unbewusst« (147) mit einer Menge vergleichbarer Wörter assoziiert, die mit »Sitz im Gehirn« Teil des menschlichen Sprachschatzes sind. De Saussure beschreibt das Zeichen daher auch als »Urteil«, das eine Verbindung zwischen Signifikanten und einem Signifikat herstellt: Der Hörer einer Lautfolge wählt aus einem »Paradigma« ähnlicher Vorstellungen eine bestimmte aus (151), ohne dass man sich dieses Vorgangs bewusst werden würde. Je nach Gesprächskontext erscheint eine spezifische Bedeutung evidenter als andere, entsprechend fasst man sein Gegenüber auf. Wie de Saussure mit seiner Beschreibung jedoch verdeutlicht, sind auch evidente Assoziationen mit bestimmten Vorstellungen niemals ausschließliche Bedeutungen von Wörtern.

Der *linguistic turn*, so wurde angedeutet, verschiebt die Aufmerksamkeit vom Subjekt und seinem Erkenntnisvermögen auf die Sprache und ihre Gesetzmäßigkeit. Mit dieser Verlagerung verschwindet das Subjekt aus dem Zentrum der Philosophie. Die Grundlagen des Wissens werden nicht mehr im Subjekt gesucht, vielmehr wird das Subjekt umgekehrt von den Regeln der Sprache dominiert. In den postum veröffentlichten Vorlesungen Saussures wird diesem Umstand mit einer weiteren begrifflichen Unterscheidung Rechnung getragen. Als *parole* bezeichnet de Saussure die konkrete Rede eines Individuums, all das, was gesprochen wird, die Sprache in ihrer empirischen Erscheinung. Die allgemeinen Gesetze der Sprache hingegen, die den sinnvollen Zeichengebrauch erst ermöglichen, sind nach de Saussure in der *langue* zu finden, der Sprache als System von Regeln. (22) Die *langue* ist Bedingung der Möglichkeit des Sprechens, und weil sie dem Sprechen vorausgeht, tritt sie als solche nie direkt in Erscheinung. Die *langue* definiert die allgemeinen Gesetze, nach denen ein jeder seine Rede von Fall zu Fall formuliert, sie ist bestimmend für die Rede des Subjekts, nicht ihrem Inhalt nach, sondern viel grundsätzlicher in rein formaler Hinsicht. Die *langue* ist allgemeiner noch als eine Grammatik oder das Wörterbuch, sie ist das Apriori der Sprache, dessen Regeln einem jeden Subjekt eingeschrieben sind. Um ihr System beschreiben zu können, bedarf es der Linguistik.

Wichtig ist, dass die Unterscheidung von *langue* und *parole* keineswegs als faktische Trennung zu verstehen ist. Wie das Apriori der Transzendentalphilosophen niemals in reiner Form gegeben ist, so ist auch die *langue* de Saussures nicht an sich erkennbar. Die formalen Eigentümlichkeiten der Sprache zeigen sich immer konkret, anhand eines spezifischen Untersuchungsgegenstands. Und so müssen auch die einzelnen Elemente der *langue* als Abstraktionen verstanden werden. So wird man beispielsweise nie einem reinen Signifikanten begegnen, denn signifikant kann nur sein, was bereits Teil eines semiotischen Verweisungszusammenhangs ist. De Saussures Skizze sprachlicher Zeichen zeigt demnach nicht, wie zwei voneinander unabhängige Sphären von Signifikanten und Signifikaten miteinander in Beziehung treten, vielmehr geht es darum, die Art der Beziehung in Form einer Relation anschaulich zu machen. Gemäß dieser Skizze aus den Vorlesungen haben sprachliche Zeichen zunächst eine vertikale Dimension: als Verbindung von Bezeichnendem und Bezeichnetem, die de Saussure in Form eines Bruchs darstellt. (136) Um zu zeigen, dass sie trotz dieser internen Zweigliedrigkeit eine Einheit bilden, umzirkelt de Saussure beide noch mit einer Ellipse.

Abb. 2: Sprachliche Zeichen (Saussure 1916/1967, 78)

Sprachliche Zeichen haben ihre Bedeutung nicht an sich, sondern nur aufgrund ihrer Differenz zu anderen Zeichen. Diese Differenz ist ebenso Voraussetzung für die Bedeutung eines Zeichens wie die arbiträre Verknüpfung von Signifikant und Signifikat. Zeichen sind demnach aber auch horizontal organisiert, eingebunden in eine Rede, die sich linear als Aneinanderreihung und Gliederung verschiedener Ausdrücke entwickelt. Neben der »paradigmatischen« Dimension eines Zeichens beschreibt de Saussure diese horizontale Gliederung der Rede als »syntagmatischen« Zusammenhang.

Abb. 3: Zeichenkette (Saussure 1916/1967, 137)

Signifikant und Signifikat, Paradigma und Syntagma, oder allgemeiner: Vertikale und Horizontale sind nur einige der Begriffspaare aus de Saussures Vorlesungen zur Sprachwissenschaft, an denen sich insbesondere die Literaturtheorien des Strukturalismus orientiert haben. Mit einem Begriff Michel Foucaults könnte man de Saussure als einen »Diskursbegründer« (Foucault 1964/1991, 24) bezeichnen, als einen Autor nämlich, der den Rahmen und die Konstitutionsbedingungen für andere Texte und Theorien bereitgestellt hat. Tatsächlich sind de Saussures Definitionen des Zeichens und der *langue* zur Grundlage zahlreicher Konzepte geworden, seine Terminologie und dichotomische Denkweise hat nicht nur Eingang in verschiedene Theorien gefunden, sie wurde auch korrigiert und weiterentwickelt. Selbst Hermeneutiken, die sich nie auf de Saussure berufen haben, entwickeln ihr eigenes Sprachmodell in Auseinandersetzung mit seiner Sprachtheorie. Dass diese Lesarten seiner Sprachtheorie ihm dabei nicht unbedingt immer gerecht werden, liegt auf der Hand. Selbst die Strukturalisten, die sich am emphatischsten auf sein Zeichenmodell berufen, folgen einem ganz spezifischen Bild von de Saussure. Wie Ludwig Jäger ausführlich zeigen konnte, bieten die Vorlesungen de Saussures keineswegs einen verlässlichen Zugang zu seiner Theorie (Jäger 2010, 10-17). Die strukturierenden Eingriffe und auch Editionsfehler der beiden

Herausgeber Sechehaye und Bally sind gravierend, so Jäger, da die meisten Grundbegriffe, die für de Saussures Karriere und Wirkungsgeschichte im zwanzigsten Jahrhundert so wichtig sind, aus eigentlich ganz anderen Denkzusammenhängen kommen. So habe man de Saussure etwa ein einseitiges Interesse an einer Theorie der *langue* unterstellt und sein Konzept von der reinen Form der Sprache von der *parole* getrennt, obwohl dies seinem eigenen komparatistischen Forschungsinteresse geradezu widerspricht (111). Auch dank einer neuen Publikationslage seiner nachgelassenen Schriften hat die Forschung heute ein viel differenziertes und genaueres Bild von de Saussure. Für diese Einführung in die Literaturtheorien jedoch sind diese Erkenntnisse von nachgeordnetem Interesse. Die hier auf der Grundlage seiner Vorlesungen knapp umrissenen Begriffe müssen allein darum am Anfang stehen, weil sich die Literaturtheorien ausschließlich auf diesen Saussure bezogen haben.

Zu bedenken ist schließlich auch, dass in de Saussures Vorlesungen, obwohl sie gemeinhin als eine Art Propädeutik für die Literaturtheorien des zwanzigsten Jahrhunderts gelesen werden, von literarischen Texten gar keine Rede ist. Erst im russischen Formalismus um Boris Tomashevsky und Roman Jakobson sowie später in der Prager Schule des Strukturalismus hat man versucht, mit de Saussure auch eine Definition von Literatur zu formulieren. Jakobson etwa, um das prominenteste Beispiel zu erwähnen, unterscheidet die Literatur von anderen Zeichenpraktiken in rein formaler Hinsicht und skizziert das Spezifikum der Literatur als »poetische Funktion«. Charakteristisch an der Literatur ist eine eigentümliche Form des Zeichengebrauchs, bei der man »das Prinzip der Äquivalenz von der Achse der Selektion auf die Achse der Kombination« überträgt, so Jakobson in *Linguistik und Poetik*. (Jakobson 1960/1989, 94) Literarische Texte haben eine besondere Struktur, weil sie von

Ähnlichkeiten geprägt sind. Die Alliteration zum Beispiel wiederholt den Anfangsbuchstaben in zwei aufeinander folgenden Wörtern, »horrible Harry«, und erzeugt damit in einer syntagmatischen Anordnung eine besondere Lautstruktur, die auch die Wahrnehmung eines so kurzen Ausdrucks entscheidend beeinflusst. Literarische Texte sind Jakobson zufolge überstrukturiert, sie lenken die Aufmerksamkeit auf die Form ihrer Botschaft. »Ähnlichkeit« heißt somit nicht etwa, dass der literarische Text mimetisch ist und einen Gegenstand mehr oder weniger gelungen repräsentiert, die Ähnlichkeit von Zeichen beruht auf einem ihnen gemeinsamen Paradigma. Die Semantik eines literarischen Textes verweist auf seine Semiotik und formale Struktur. Um es mit dem semiotischen Dreieck zu veranschaulichen: Jakobsons rein formale Theorie der Literatur orientiert sich ausschließlich an der Funktion des Zeichens, am Signifikanten.

Jakobsons Definition von Literatur ließen sich weitere, weniger formalistische Beispiele hinzufügen. Nicht alle Literaturtheorien orientieren sich am linguistischen Sprachmodell. Literatur ist kein unveränderlicher »Gegenstand« im eigentlichen Sinne. Die Frage, was Literatur ist und von anderen Text- oder Sprachmodellen unterscheidet, wird immer wieder aufs Neue gestellt. Jede Theorie enthält ein eigenes poetologisches Modell. In der Hermeneutik Wilhelm Diltheys etwa, mit dem das erste Kapitel beginnt, ist Literatur eine besondere Form des Ausdrucks, die dem Genie am besten gelingt. Hinter dem literarischen Text steht ein Dichter mit einem individuellen, schöpferischen Vermögen. Diltheys Hermeneutik orientiert sich nicht am Zeichen, sondern an Sinn und Bedeutung von Texten.

I. Theorien der Bedeutung

Wilhelm Dilthey

Mit seinem 1900 veröffentlichten Aufsatz über die *Entstehung der Hermeneutik* setzt Wilhelm Dilthey (1833–1911) eine anhaltende Diskussion in Gang. Sein knapper historischer Abriss wird später häufig zitiert, mitunter auch als eine Geschichtsdarstellung, die der Korrektur bedarf. Hans-Georg Gadamer, Manfred Frank oder Peter Szondi etwa erzählen die Entwicklung der Hermeneutik anders. Seit Dilthey aber sind hermeneutische Theorien unter anderem daran zu erkennen, dass sie ihren Ansatz im Rückblick auf ihre eigene Geschichte entwickeln. Die Hermeneutik bezieht sich nicht nur auf historische Gegenstände, sie begreift sich selbst als historische Lehre des Verstehens.

Hermeneutik leitet sich vom griechischen Verb *hermēneúein* her – »übersetzen«, »auslegen«, »interpretieren« – und kann sich auf völlig unterschiedliche Textsorten beziehen. In der Antike und im Mittelalter diente sie vor allem der Auslegung juristischer oder biblischer Schriften, erst Ende des achtzehnten Jahrhunderts dehnt sie ihre Anwendungsbereiche auf historische Dokumente und literarische Texte aus. Aber nicht nur der Gegenstand hermeneutischer Interpretationen ändert sich, sondern die Theorie als solche ändert sich grundlegend. Von der philologischen Lehre der Interpretation und Auslegung von Texten ist die Hermeneutik als philosophische Theorie des Verstehens strikt zu unterscheiden. Beide Formen der Hermeneutik, Philologie und Philosophie, haben ihre je eigenen Entwicklungsgeschichten, die immer wieder aufeinandertreffen, sich verschränken und überschneiden, gerade darum aber der Unterscheidung bedürfen. Wilhelm Dilthey etwa bezieht sich zwar häufig auf die Philologie, seine eigenen Schriften sind aber der philosophischen Hermeneutik zuzurechnen. Obwohl er die Literaturwissenschaften nachhaltig geprägt hat, ist eine konkrete methodische Anleitung zur Interpretation von Texten bei ihm nicht zu finden – und auch nicht zu erwarten. Die Literatur ist für Dilthey weniger Gegenstand hermeneutischer Lektüren als vielmehr Modell einer allgemeinen Verstehenslehre. Ein Schlüsselbegriff seiner Theorie ist das psychologische »Nacherleben«, das »Nachfühlen fremder«, und das heißt bei ihm: vergangener »Seelenzustände«. Philologie und Geschichte sollen das »Nachverständnis des Singulären zur Objektivität« erheben. Wie genau aber dieses Ziel zu erreichen ist, so wird sich zeigen, erklärt Dilthey nicht in methodischer Hinsicht, sondern im Sinne einer allgemeinen Theorie des Verstehens.

Für Dilthey hat das Nacherleben eine Art therapeutische Funktion. Seine eigene Gegenwart nimmt er als krisenhafte Epoche wahr, der »moderne Mensch« lebe in einer entfremdeten Zeit, weil ihm der Bezug zur Geschichte und damit zu all jenen Dingen fehle, die er selbst hervorgebracht hat. In der von den Naturwissenschaften dominierten Moderne soll die Hermeneutik eine Perspektive eröffnen, aus der diese Entfremdung von der Geschichte und die Distanz zu sich selbst überwunden werden kann. In Diltheys Idealbild ist Geschichte daher in einem ganz wörtlichen Sinne erfüllend. Das »historische Bewußtsein« ermögliche es »dem modernen Menschen, die ganze Vergangenheit der Menschheit in sich gegenwärtig zu haben: über alle Schranken der eignen Zeit blickt er hinaus in die vergangenen Kulturen; deren Kraft nimmt er in sich auf und genießt ihren Zauber nach: ein großer Zuwachs von Glück entspringt ihm hieraus.« (Dilthey 1900/1957, 317) Wie ein olympischer Betrachter überschaut der Historiker die Geschichtslandschaft, er hat eine Art panoramatischen Blick auf die Vergangenheit, ist damit aber auch über seine eigene Zeit erhaben.

Beschreibungen wie diese sind charakteristisch für Diltheys Argumentationsstil. Die vielleicht auffälligste Denkfigur seiner Texte ist ein dialektisches Widerspiel von innen und außen: Der Blick hinaus ist erhebend für das Innere, die historischen Dokumente wiederum sind »Individuationen«, ein Ausdruck also, der Einblicke in fremde Seelen gewährt. Als »wissenschaftliche Erkenntnis der Einzelperson« ist Diltheys Hermeneutik zwar auf Schriftstücke und Denkmäler angewiesen, aber die historischen Überlieferungen sind auch ein Hindernis, will man sich in die fremden Individuen einfühlen. Die »Seelenzustände« sind keine Vorstellungen, die man direkt zu Papier bringen könnte. Ein unmittelbarer Zugang zum anderen Individuum ist Dilthey zufolge daher kaum möglich. »Fremdes Dasein« sei nur in Form von »Gebärden, Lauten und Handlungen von außen gegeben«, gerade darum aber müsse der Interpret »durch den Vorgang der Nachbildung« auf das »Innere« schließen: »Alles: Stoff, Struktur, individuellste Züge dieser Ergänzung müssen wir aus der Lebendigkeit übertragen.« Im Vergleich zu Denkmälern und Kunstwerken seien es vor allem Schriftstücke, die »Reste menschlichen Daseins« (319) so bewahren, dass sie der Interpret nacherleben kann.

Wie in diesen knappen Erläuterungen bereits deutlich wird, basiert Diltheys Hermeneutik auf einem einfachen Repräsentationsmodell. Die Zeichen korrespondieren mit Seeleninhalten, ihre Bedeutung ist demnach nicht von der Sprache und ihren

Regeln abhängig, sondern vor allem von der individuellen Ausdruckskraft. In einer »von Lüge erfüllten menschlichen Gesellschaft« ist Dilthey zufolge einzig das »Werk eines großen Dichters oder Entdeckers, eines religiösen Genius oder eines echten Philosophen« immer wahr. (320) Einzig das Genie sei in der Lage, sein Seelenleben auf wahrhaftige Weise zur Sprache zu bringen. Und weil sich das Genie mit seinem schöpferischen Vermögen gewissermaßen unabhängig macht vom gewöhnlichen Sprachgebrauch, bedürfe es auf der anderen Seite einer »genialen Virtuosität des Philologen«, um diese individuelle Ausdruckskraft verstehen und darstellen zu können. Ein guter Interpret, der ein Werk nachzuerleben vermag, ist folglich kaum weniger begabt als der geniale Autor.

Besonders anschaulich wird diese Verbrüderung von Genie und virtuosem Philologen, wenn Dilthey selbst das »Werk eines großen Dichters« interpretiert. Über *Goethe und das dichterische Phantasieren* schreibt Dilthey 1906, dass der Mittelpunkt einer jeden Literaturgeschichte die »Phantasie des Dichters« sei. (Dilthey 1906/2005, 113) Als exemplarischer Autor bringe Goethe »dichterische Vorgänge« auf eine Weise zum Ausdruck, wie es dem »biederen Durchschnittsmenschen« (121) nicht möglich wäre. Einzigartig sei Goethe vor allem, weil er von sich selbst abzusehen vermag: »wir müssen uns das Genie [...] gänzlich den Tatsachen hingegeben denken, gewahr werdend, beobachtend, sein Selbst ganz vergessend und verwandelnd und das, was es erfaßt.« (132) Genies gehen entweder in der äußeren Erfahrung auf, so Dilthey, oder sie erleben ihr inneres Selbst auf besondere Weise, in jedem Fall aber zeichnet es sie aus, dass sie einen Ausdruck finden, der über ein bloß subjektives Empfinden hinausweist. Goethes Fantasie ist das Medium für etwas Allgemein-Menschliches.

Darüber hinaus aber ist Goethe auch ein Modell für die hermeneutische Theorie. Seine »Schöpfungen«, die Autobiografie

Dichtung und Wahrheit insbesondere, veranschaulichen eine Form des Verstehens, an der sich die Hermeneutik orientieren kann. Im Lebenslauf ordnet Goethe seine Erlebnisse, er gibt ihnen eine Bedeutung und setzt sich in Beziehung zum historischen Kontext. Goethe versteht sich selbst im Zusammenhang mit seiner Zeit, er vermittelt individuell Erlebtes mit dem historisch Allgemeinen. Als Autobiograf ist er Subjekt und Objekt in einem, Dichter und Interpret. Und genau dies ist die Grundstruktur des Verstehens in den Geisteswissenschaften: Ihre Objekte sind zwar subjektive Äußerungen, deren Bedeutung aber zeigt sich im Hinblick auf ein Ganzes. Diltheys Goethe-Porträt ist demnach ein Gegenbild zur Moderne. Im Zusammenhang von Einzelnem und Ganzem sind alle Dissonanzen und Widersprüche aufgehoben, das Verstehen stellt einen Übereinklang von Individuellem und Allgemeinem her – so das Ideal Diltheys, das er bei Goethe verwirklicht sieht.

Auf die Herausforderungen seiner eigenen Zeit reagiert Dilthey mit einem ausgeprägten Harmonisierungsbedürfnis. Und dies zeigt sich auch in der Grundstruktur seiner Argumentation: Dem genialen Dichter entspricht ein nicht minder virtuoser Philologe, Goethe ist einerseits Gegenstand seiner Interpretation und zugleich ihr Modell, der Historiker schaut hinaus in eine Landschaft, die er im Inneren nacherlebt – mit diesen Beschreibungsmustern ersetzt Dilthey die theoretische Begründung seiner Hermeneutik. Auch das »Verstehen« basiert nicht auf einer Erkenntnistheorie, sondern auf der Logik einer einfachen Umkehrung. Das schöpferische Genie verleiht seinem Inneren einen Ausdruck, der virtuose Philologe schließt vom Ausdruck aufs Seelenleben. Autor und Interpret sind auf kongeniale Weise miteinander verbunden, weil sich das Verstehen strukturell von der dichterischen Schöpfung gar nicht unterscheidet. Der Dichter ist ein Interpret seiner selbst, wie der Interpret gleichsam ein Dichter ist und seine Auslegung ein »kunstmäßiger« Vorgang.

Im Aufsatz über die *Entstehung der Hermeneutik* folgt Dilthey einem vergleichbaren Schema. Auch dieser Essay ist keine theoretische Programmschrift, kein methodisches Traktat, und auch hier steht die Interpretation eines herausragenden Werks im Mittelpunkt. Ohne das Genie Friedrich Schleiermachers (1768–1834) nämlich wäre die Entstehung der philosophischen Hermeneutik für Dilthey nicht denkbar. Um dessen historischen Stellenwert als Wendepunkt in der Entwicklung der Hermeneutik markieren zu können, bedarf es wiederum der eingangs erwähnten Geschichtserzählung, vor deren Hintergrund sich die einzigartige Leistung Schleiermachers abhebt. Wie angedeutet, hat die Geschichte der Hermeneutik für Dilthey eine fundierende Funktion, zumal sich mit ihrer Hilfe die Entfremdung des modernen Subjekts überwinden lässt. Schließlich überspannt die Geschichte der Hermeneutik alle Epochen des Abendlands, von der griechischen Antike bis zur Gegenwart.

Dilthey lässt die Entwicklungsgeschichte der Hermeneutik mit den Homer-Interpretationen und Kommentaren zur Stoa beginnen. Hier sei erstmals zwischen einem buchstäblichen und einem allegorischen Textsinn unterschieden worden, da der wörtliche Sinn eines Textes »als absichtliche Einhüllung eines pneumatischen Sinnes« zu verstehen sei. (Dilthey 1900/1957, 322) Die eigentliche Bedeutung eines Textes ist also nicht niedergeschrieben, sie bedarf der Auslegung und Interpretation. Einen zweiten Entwicklungsschub macht Dilthey zu Beginn der Neuzeit und Reformation mit dem Lutheraner Matthias Flacius (1520–1575) aus. In den *Clavis Scripturae Sacrae* von 1567 fasst Flacius die seit der Antike praktizierten Lektüreformen zu einem Lehrgebäude zusammen. Von ihm stamme auch die erste Beschreibung des »hermeneutischen Zirkels«, »nach welchem die einzelne Stelle aus der Absicht und Komposition des ganzen Werkes interpretiert werden muß« (325). Die Bedeutung einer jeden Einzelheit ergibt sich im Hinblick auf das Ganze, das Ganze wiederum setzt sich aus dem Einzelnen zusammen.

So bringt in Diltheys Geschichtserzählung jede Entwicklungsphase der Hermeneutik einen Aspekt hervor, der sich auch in seiner eigenen Lehre noch wiederfindet. Das gilt für die Unterscheidung zwischen buchstäblichem und pneumatischem Sinn ebenso wie für das von Flacius beschriebene zirkuläre Zusammen- und Widerspiel von Teil und Ganzem. Dilthey wendet die Hermeneutik gewissermaßen auf sich selbst an und wird somit seinerseits zum Betrachter einer Geschichtslandschaft, der dank seiner Übersicht die historischen Errungenschaften seiner Vorläufer vergegenwärtigen kann. Möglich ist ihm dies aber nur, weil ihm mit der Hermeneutik Schleiermachers wiederum das Werk eines Genies vor Augen ist, das die Geschichte der Interpretation auf eine neue Ebene gehoben hat. Erst Schleiermacher gibt der Hermeneutik die entscheidende Wendung, weil er über die philologische Textauslegung hinausgeht und eine allgemeine, philosophische Lehre des Verstehens etabliert. Seine Stellung in Diltheys Aufsatz ist mit der Goethes vergleichbar, und auch hier findet sich dasselbe Argumentationsmuster: Dank Schleiermacher gibt es überhaupt erst eine philosophische Hermeneutik, aber dies zu erkennen bedarf es eines kongenialen Interpreten. Mit seinem Kommentar begründet Dilthey die Wirkungsgeschichte Schleiermachers und damit die Hermeneutik als eine Philosophie, deren zeitgenössischer Repräsentant niemand anderes ist als er selbst. Schleiermachers Lehre vom Verstehen wäre kein Wendepunkt ohne die von Dilthey geschriebene Geschichte der Hermeneutik. Seine Darstellung Schleiermachers ist folglich aber auch eine Deutung und Interpretation aus einer ganz bestimmten Perspektive, und das hat nicht unerhebliche Folgen für das Bild der Hermeneutik im zwanzigsten Jahrhundert.

Als Zäsur bezeichnet Dilthey die Lehre Schleiermachers, weil sie das Verstehen als eigene Erkenntnisform analysiert, von der sich erst in einem zweiten Schritt »die Möglichkeit allgemeingültiger Auslegung, deren Hilfsmittel, Grenzen und Regeln« (327) ableiten. Schleiermacher beschreibt die Möglichkeitsbedingungen der hermeneutischen Philologie und vollzieht damit ebenso eine transzendentale Wende wie Immanuel Kant in seiner kritischen Philosophie. Auch darum wird die Philosophie Schleiermachers zum Vorbild für Dilthey. Wie Dilthey bereits in seiner *Einleitung in die Geisteswissenschaften* 1883 formuliert, bedürfen die Geisteswissenschaften eines eigenen Erkenntnismodells, um sich von den Naturwissenschaften unterscheiden zu können, ohne ihnen dabei jedoch an Objektivität nachzustehen. Kant hatte in seiner Philosophie nach den Erkenntnisbedingungen der Naturwissenschaften gefragt, bei Schleiermacher findet sich das Gegenmodell. Während die Naturwissenschaften ihre Phänomene »erklären«, so Dilthey, versuchen die Geisteswissenschaften zu »verstehen«, was der Mensch hervorgebracht hat. Dass dieses Verstehen eine gleichberechtigte Form der Erkenntnis ist, wird bei Kants Zeitgenossen Schleiermacher erstmals deutlich. Und wie Dilthey hervorhebt, hat die Dichtung dabei auch für Schleiermacher eine Modellfunktion: »Er konnte aber das Verstehen als ein Nachbilden, Nachkonstruieren nur in seiner lebendigen Beziehung zu dem Vorgang der literarischen Produktion selber analysieren. In der lebendigen Anschauung von dem schöpferischen Vorgang, in welchem ein lebensmächtiges literarisches Werk entsteht, erkannte er die Bedingung für die Erkenntnis des anderen Vorgangs, der aus Schriftzeichen das Ganze eines Werkes und aus diesem Absicht und Geistesart seines Urhebers versteht.« (327)

Schleiermacher ist Zeitgenosse der romantischen Genie-Ästhetik, um 1800 hat sich die Dichtung längst von den Regelpoetiken gelöst, eine rein philologische Analyse rhetorischer Figuren und Praktiken scheint für ihn folglich nicht mehr ausreichend, um das Werk eines Dichters zu beschreiben. Es bedarf jener »Einfühlung«, die Dilthey schließlich in den Mittelpunkt seiner eigenen Lehre des Verstehens stellt. Welche methodischen Schritte dabei zu gehen sind, deutet Dilthey aber nur an – ein probierendes Hineinversetzen »in ein historisches Milieu«, um »von hier aus momentan die einen Seelenvorgänge zu betonen und verstärken, die anderen zurücktreten zu lassen und so eine Nachbildung fremden Lebens in sich herbeiführen« (330).

Viel konkreter hingegen ist zumindest bei Schleiermacher ein anderer Aspekt der Interpretation, dessen ausführliche Beschreibung Dilthey aber nur am Rande zur Kenntnis nimmt. Von der psychologischen Auslegung unterscheidet Schleiermacher die grammatische Interpretation, mit der er das Erbe der philologischen Hermeneutik aufnimmt und in sein Verstehensmodell integriert: »Die grammatische Auslegung geht im Text von Verbindung zu Verbindung bis zu den höchsten Verknüpfungen im Ganzen des Werkes. Die psychologische Auslegung geht von der Versetzung in den schöpferischen inneren Vorgang aus, und sie schreitet vorwärts zur äußeren und inneren Form des Werkes, von ihr aber weiter zur Erfassung der Einheit der Werke in Geistesart und Entwicklung ihres Urhebers.« (330f.)

Wie im Goethe-Essay deutlich wird, übernimmt Dilthey von Schleiermacher vor allem die psychologische Interpretation, die Einfühlung und das Nacherleben des Individuellen und Einzigartigen. Die andere Form der Interpretation, die grammatische Auslegung und philologische Textbeschreibung, wird von Dilthey indes völlig vernachlässigt. Diese Abwertung der Philologie ist charakteristisch für die philosophische Hermeneutik überhaupt:

Indem die Hermeneutik zur Philosophie des Verstehens wird, tritt ihre Vorgeschichte als konkrete Lektürepraxis in den Hintergrund. Schwieriger wird es nun aber auch für die Literaturwissenschaft, aus der Hermeneutik eine methodische Begründung zu gewinnen. Zwar entwickelt Dilthey seine eigene Theorie mithilfe der Literatur, für eine kontrollierte Methode der Interpretation literarischer Texte jedoch gibt seine Hermeneutik keine Anleitung, zu sehr ist sein Modell abhängig vom individuellen Vermögen des Interpreten.

In der Geschichte der Hermeneutik hat Dilthey somit eine ambivalente Rolle. Einerseits begründet er die Geisteswissenschaften als eine Disziplin, deren Erkenntnisse nicht weniger objektiv sind als die der Naturwissenschaften, andererseits aber prägt er das Bild eines kongenialen Interpreten, von dem sich seine Nachfolger zu distanzieren versuchen. Die zwei Seiten der Textauslegung, mit deren Beschreibung Schleiermacher die philologische Tradition der Hermeneutik aufnimmt und um die Lehre der psychologischen Einfühlung ergänzt, werden von Dilthey gespalten, indem er das kongeniale Nacherleben einseitig betont. In der Nachfolge Diltheys hingegen, nach dem *linguistic turn* zumal, berufen sich die literarischen Hermeneutiken wieder auf die andere Tradition der philologischen Textbeschreibung, und auch sie greifen dabei vorzugsweise auf die Schriften Schleiermachers zurück, nun aber als Vorlage für die grammatische Interpretation und konkrete Textanalyse. Diltheys Geschichtsdarstellung wird somit entscheidend korrigiert. Manfred Frank etwa schreibt in seiner Darstellung des Neostrukturalismus von 1983:

»Es ist nämlich wenig bekannt, aber doch wahr, daß der Begriff ›Struktur‹ in seiner spezifisch modernen und, wenn Sie so wollen, spezifisch französischen Verwendung von einem Theoretiker der Frühromantik in die

Terminologie unseres Faches eingeschrieben worden ist: nämlich von dem Theologen, Philosophen und Philologen Friedrich Schleiermacher. Schleiermacher verstand unter ›Struktur‹ ein System von Beziehungen zwischen Elementen, deren jedes – wie er sich ausdrückt – seine Bedeutung durch eindeutige Unterscheidung von allen anderen Elementen erwirbt.« (Frank 1983, 14)

Frank nimmt hier und in anderen Schriften Bezug auf den französischen Strukturalismus. Seine These ist, dass Schleiermacher die »Struktur« zu einem Zeitpunkt identifiziert, als es den Strukturalismus noch gar nicht gibt, die Struktur jedoch nicht einseitig und ausschließlich zum Thema macht, sondern in ein ungleich komplexeres Textmodell integriert. Pointiert gesagt, in Franks Text nimmt Schleiermacher den Strukturalismus vorweg *und* geht über ihn hinaus.

Auch Frank erzählt eine Geschichte der Hermeneutik. In seiner Polemik gegen die Strukturalisten hat Schleiermacher eine ähnlich herausragende Rolle wie in den Schriften Diltheys, allerdings mit einer anderen Begründung. Während Dilthey bei Schleiermacher die psychologische Einfühlung hervorhebt, betont Frank die grammatische Interpretation und verweist darauf, dass bereits Schleiermacher Begriffe wie »Differenz« und »Struktur« gebraucht. Zwar versteht auch Frank die Hermeneutik als Theorie der Bedeutung, dennoch versucht er den Nachweis zu erbringen, dass auch sie die formale Struktur eines Textes im Blick hat. Die zweigleisige Tradition der Hermeneutik mit der grammatischen Interpretation auf der einen, der psychologischen Interpretation auf der anderen Seite, veranlasst Frank, die im Strukturalismus favorisierte Textanalyse zum integralen Bestandteil der Hermeneutik zu erklären. Dies herauszustellen ist die Absicht seiner Auslegung der Geschichte der Hermeneutik.

Martin Heidegger

Von Wilhelm Dilthey im neunzehnten bis Manfred Frank am Ende des zwanzigsten Jahrhunderts bleibt es eine der Eigentümlichkeiten hermeneutischer Theorien, dass sie sich über ihre eigene Geschichte und den Zusammenhang mit einer Tradition begründen. Die Akzente dieser Geschichtsschreibungen verschieben sich teils deutlich, und doch gibt es in hermeneutischen Texten eine Reihe von wiederkehrenden Metaphern und Denkfiguren. Das auffälligste Beispiel ist die leitmotivische Wiederholung des hermeneutischen Zirkels, das Wechselspiel von Teil und Ganzem, wie es hier mit Dilthey bereits beschrieben wurde: Die Bedeutung einer jeden Einzelheit ergibt sich im Hinblick auf ein Ganzes, das Ganze wiederum setzt sich aus den Einzelheiten zusammen. Wie genau aber der Zirkel auszumessen ist, unterscheidet sich in den hermeneutischen Konzepten. Was ist das »Einzelne«, das Detail im Text? Größer noch scheint die Herausforderung, wenn man das »Ganze« bestimmen will. Wenngleich die zirkuläre Grundstruktur ein festes Beschreibungsmuster bleibt, gerade die Auslegungen des »Ganzen«, des Radius gewissermaßen, variieren beträchtlich. Wie kommt man in den Zirkel hinein, und wie kommt man wieder heraus?

Die frühen Spezialhermeneutiken setzen den Zirkel zunächst als Mittel der Abgrenzung ein. In der Reformation beispielsweise, da konkurrierende Bibellektüren über den Sinn der Heiligen Schrift streiten, dient der Radius als Form der Begrenzung. Ist die Botschaft der Bibel wörtlich niedergeschrieben, oder bedarf es einer kirchlichen Autorität, um ihren Sinn zu verkünden? Folgt man der Annahme, dass der Sinn sich aus dem Kontext der Schrift selbst in einer rein textimmanenten Auslegung erschließen lässt, ermächtigt und ermutigt dies den Leser zur eigenständigen Lektüre. Für die Auslegung der Schrift bedarf es dann weder Theologie noch Kirche, jeder kann sich als Leser der Schrift berechtigt fühlen, ihre Bedeutung eigenständig ergründen zu können.

Schleiermacher gibt dem hermeneutischen Zirkel dann einen noch größeren Radius. Die grammatische Auslegung beschreibt einen Text im Vergleich mit dem zeitgenössischen Sprachgebrauch, in der psychologischen Einfühlung erschließt sich die Bedeutung erst im Hinblick auf den Autor als schöpferische Instanz. Seine Erweiterung der Hermeneutik geht offenkundig mit der Erschließung eines neuen Anwendungsbereichs einher. Neben juristischen Texten und biblischen Schriften befasst sich die Interpretation nunmehr auch mit Werken, die einen Autor haben. Das Ganze des Zirkels schließt nunmehr auch den Urheber eines Textes mit ein. Dilthey wiederum betont, dass der historische Kontext unverzichtbar sei, will man die Besonderheit eines Dichters erkennen. Jeder Autor steht im Zusammenhang mit seiner eigenen Zeit. Noch grundsätzlicher beschreibt Martin Heidegger den Zirkel als Grundstruktur des menschlichen Daseins überhaupt: Der Mensch befindet sich stets in hermeneutischen Situationen, das alltägliche »In-der-Welt-sein« ist hermeneutisch strukturiert, weil es sich nur im Hinblick auf seinen Kontext verstehen kann. Hans-Georg Gadamer schließlich, der namhafteste Schüler Heideggers, bezieht seine Hermeneutik wieder auf die Auslegung von Überlieferungen. Die Geschichte ist bei Gadamer nicht nur ein ferner Hintergrund, vor dem sich der Sinn eines Werkes erschließt, sie ist bestimmend für die Perspektive des Interpreten, seine Voreinstellung und Erwartungshaltung. Gadamers hermeneutischer Zirkel umfasst auch den Leser.

Wie diese knappe Skizze veranschaulicht, definiert sich die Hermeneutik über eine zirkuläre Denkfigur, deren unterschiedliche Auslegungen aber zu teils deutlichen Verschiebungen führen. Für textimmanente Lektüren, die sich am Ganzen der Schrift orientieren, ist ein philologisches Wissen hinreichend. Ist der Sinn jedoch nur im Hinblick auf Autor und Geschichte zu verstehen, bedarf die Interpretation zusätzlicher Kompetenzen, die Lektüre eines Textes ändert sich zwangsläufig. Bei Dilthey zeigt sich die Ausweitung des Zirkels über die Textgrenze hinaus bereits im Vokabular: Die Hermeneutik wird »psychologisch«, ohne die Regeln des spekulativen »Nachfühlens« fremder »Seelenzustände« angeben zu können. Mit der Ausweitung ihres Zirkels und der philosophischen Wende distanziert sich die Hermeneutik von der Philologie und ihren methodischen Grundlagen.

Für die Lektüre hermeneutischer Schriften sind diese Metaphern, die der theoretischen Selbstverständigung dienen, umso aufschlussreicher. An ihnen lassen sich Gemeinsamkeiten und Differenzen der verschiedenen Hermeneutiken ablesen, an ihnen zeigen sich Kontinuitäten, aber auch historische Sprünge ihrer Entwicklung. Um ein anderes Beispiel zu erwähnen: Wie bereits angedeutet, ist es charakteristisch für den hermeneutischen Argumentationsstil, eine Geschichte der eigenen Theorie zu erzählen. Diltheys Beschreibung vergangener Epochen als Landschaft, die vor einem olympischen Betrachter ausgebreitet liegt, ist hierfür ein paradigmatisches Beispiel. Die Vergangenheit scheint noch in Reichweite, zumindest für den erhabenen Interpreten, der sich eine Übersicht über die Tradition verschaffen kann. Geradezu gegensätzlich ist das Geschichtsbild, das Martin Heidegger (1889–1976) im *Spruch des Anaximander* (1946) entwirft. In diesem Aufsatz geht Heidegger der hermeneutischen Frage nach, wie der älteste überlieferte Satz eines Philosophen in der Geschichte des Abendlands heute zugänglich sein kann, wie sich seine Bedeutung übersetzen lässt. Bildlich gesprochen: Wie gelangt man an den Anfang der Geschichte?

»Wir versuchen, den Spruch des Anaximander zu übersetzen. Dies verlangt, daß wir das griechisch Gesagte in unsere deutsche Sprache herübersetzen. Dazu ist nötig, daß unser Denken vor dem Übersetzen erst zu dem übersetzt, was griechisch gesagt ist. Das denkende Übersetzen zu dem, was in dem Spruch zu seiner Sprache kommt, ist der Sprung über einen Graben. Dieser besteht keineswegs nur als der chronologisch-historische Abstand von zwei und einhalb Jahrtausenden. Der Graben ist weiter und tiefer. Er ist vor allem deshalb so schwer zu überspringen, weil wir hart an seinem Rande stehen. Wir sind dem Graben so nahe, daß wir für den Absprung und die Weite des Sprunges keinen genügenden Anlauf nehmen können und darum leicht zu kurz springen, falls der Mangel an einer hinreichend festen Basis überhaupt einen Absprung erlaubt.« (Heidegger 1946/2003, 329)

Die Auslegung einer historisch entrückten Überlieferung wird hier auf sehr wörtliche Weise zum Problem gemacht. Das Übersetzen, etymologisch im griechischen *hermēneúein* verwurzelt, wird bei Heidegger zum Über-Setzen im mehrfachen Sinn: Eine Übersetzung scheint nur dann möglich, wenn man zu Anaximander über-setzt und all das überwindet, was uns von seiner Denkweise trennt. Und dies ist nach Heideggers Ermessen nichts Geringeres als die gesamte Geschichte des Abendlands – die Geschichte als Zeit-Raum, als Abend-Land, verstanden als Folge historischer Ereignisse und als allmähliche Entfernung von den Ursprüngen des Denkens. Konkret meint die Überwindung dieses Zeitraums vor allem die Überwindung einer Denkweise, die sich im Laufe der Geschichte herausgebildet hat. Während Dilthey die Verbindung mit der Tradition des Abendlands sucht, bringt sich Heidegger auf Distanz zu ihr. Die Geschichte ist keine homogene Landschaft, die man einfach durchschreiten könnte, sondern ein Abgrund.

Dilthey und Heidegger könnten in der Wahl ihrer Metaphern nicht gegensätzlicher sein. Ein weiterer Unterschied zwischen ihnen besteht darin, dass Heidegger sein Geschichtsbild nicht nur zur Illustration einsetzt, sondern in seiner spezifischen Bildlichkeit auch als solches reflektiert. Der Graben ist Ausdruck einer bestimmten Denkweise: Die Trennung von Subjekt und Objekt, die begriffliche Beschreibung des wissenschaftlichen Gegenstands als etwas, was dem Erkenntnissubjekt buchstäblich gegenüber steht, ist erst durch die Geschichte der Metaphysik und mit der Entfernung von den Ursprüngen des Abendlands zum Modell des Denkens geworden. Heidegger beschreibt sich in einer durch und durch paradoxen Ausgangslage. Auch der Abgrund, den er vor Augen hat, ist das Bild einer Vorstellung, deren Struktur ihn von dem Ort fernhält, an den er gelangen möchte. Die von ihm selbst beschriebene räumliche Konstellation mit Anaximander als entferntem »Gegenstand« unterscheidet sich strukturell kaum von jener Denkweise, die ihn von den Anfängen des Denkens fernhält. Die Geschichte ist kein Raum, durch den man an den Ursprung zurückfinden kann, sondern ein Graben, der zum Sprung herausfordert. Das Denken Anaximanders lässt sich nicht schrittweise vergegenwärtigen, es bedarf eines kategorialen Satzes, um zu Anaximander zurückzufinden.

Im zitierten Absatz ist auch angedeutet, welchen Ausweg Heidegger aus diesem Dilemma sucht. Wie sein Wortspiel vom Übersetzen als »Über-Setzen« vorführt, verspricht er sich vom Wortsinn der Begriffe eine leitende Orientierung. Wer auf das zu hören vermag, was sich in den Worten unterschwellig mitteilt, kann die Ursprünglichkeit des Denkens wiedergewinnen. Die Wirkung der Geschichte ist vor allem in der Sprache erfahrbar, was jedoch auch heißt: Die Sprache selbst ist der Abgrund, den man überwinden muss. Um also einen Ausweg aus dem Dilemma zu finden, um mit der Sprache über den Graben hinwegzusetzen, den die Sprache selbst auftut, muss man nach Heidegger die Sprache wörtlich nehmen und sich der Metaphern bewusst werden, von denen man sich gemeinhin lenken lässt. Seine Orientierung an der Sprache vermag ein weiteres Beispiel besonders gut zu veranschaulichen. Im Essay *Die Zeit des Weltbildes* von 1938 schreibt Heidegger:

»Was ist das – ein Weltbild? Offenbar ein Bild von der Welt. [...] Bei dem Wort Bild denkt man zunächst an das Abbild von etwas. Demnach wäre das Weltbild gleichsam ein Gemälde vom Seienden im Ganzen. Doch Weltbild besagt mehr. Wir meinen damit die Welt selbst, sie, das Seiende im Ganzen, so wie es für uns maßgebend und verbindlich ist. Bild meint hier nicht einen Abklatsch, sondern jenes, was in der Redewendung herausklingt: wir sind über etwas im Bilde. Das will sagen: die Sache selbst steht so, wie es mit ihr für uns steht, vor uns. Sich über etwas ins Bild setzen heißt: das Seiende selbst in dem, wie es mit ihm steht, vor sich stellen und es als so gestelltes ständig vor sich haben.« (Heidegger 1938/2003, 89)

Weltbilder prägen das Denken, weil sie die Welt »bilden«, die sie vor Augen führen. Das Weltbild ist keine Repräsentation, keine Wiedergabe eines unabhängigen Objekts, sondern die Gestalt einer Vorstellung, die ihrerseits neue Vorstellungen nach sich zieht. Und weil diese Vorstellungen so natürlich scheinen, gerät die Bildlogik dieses Denkens aus dem Blick; der Mensch vergisst, das Weltbild als Ergebnis einer Bildung, einer von ihm selbst ausgehenden Handlung aufzufassen – »Das Wort Bild bedeutet jetzt: das Gebild des vorstellenden Herstellens.« (94) – und sieht sich einer vermeintlich unabhängigen Welt gegenübergestellt: »Vor-stellen bedeutet hier: das Vorhandene als ein Entgegenstehendes vor sich bringen, auf sich, den Vorstellenden, zu beziehen und in diesen Bezug zu sich als den maßgebenden Bereich zurückzwingen.« (91) Vorstellungen sind einer bestimmten Logik verpflichtet: Man sieht die vorgestellten Objekte vor sich, positioniert damit aber auch das erkennende Subjekt auf die gleiche Weise. Der Begriff »Vorstellung« gibt bei Heidegger also keine Ideen oder Gedanken wieder, sondern entspricht einem Repräsentationsmodell von Sprache, das Heidegger zu dekonstruieren versucht. Grundlegend und richtungsweisend wird seine späte Philosophie für Jacques Derrida und Michel Foucault, die wir in den nachfolgenden Kapiteln diskutieren werden.

Hans-Georg Gadamer

Die kontinuierlich verlaufende Geschichte, die sich Hermeneutiken so häufig von ihrer Entwicklung erzählen, ist tatsächlich von historischen Brüchen und Verwerfungen gezeichnet. Heideggers berühmtester Schüler, Hans-Georg Gadamer (1900–2002), entwirft ein Geschichtsbild, aus dem die von Heidegger aufgetanen Abgründe wieder verschwunden sind. Die Geschichte wird von Gadamer zu einem kontinuierlichen Raum harmonisiert, in dem Gegenwart und Vergangenheit ineinander übergehen. In seinem Hauptwerk *Wahrheit und Methode* (1960) beschreibt er den Horizont als »Gesichtskreis« des Interpreten, »der all das umfaßt und umschließt, was von einem Punkt aus sichtbar ist« (Gadamer 1960/1990, 307). Wie die Redewendung andeutet, kann man seinen Horizont erweitern, vor allem aber ist der Horizont anziehend, er verlockt dazu, sich ihm anzunähern. Was Gadamer mit dieser Metapher illustriert, ist eine Art Bildungsauftrag, fordert doch der Horizont den Interpreten dazu auf, sich seiner eigenen historischen Herkunft zu vergewissern und einzutreten in die Geschichtslandschaft. Im Unterschied zu Heidegger ist bei ihm der Weg in die Geschichte geebnet, weil Überlieferungen und Texte dafür sorgen, dass sich die Distanz zur Vergangenheit ganz einfach überwinden lässt. Im Umkehrschluss heißt das, und dies ist die entscheidende Pointe in Gadamers Hermeneutik: Nicht nur die Geschichte ist in Reichweite, der Interpret ist auch in Reichweite der Geschichte. Die Geschichte prägt den »Gesichtskreis« des Interpreten, sie formiert seinen Horizont: »In Wahrheit gehört die Geschichte nicht uns, sondern wir gehören ihr. Lange bevor wir uns in Rückbesinnung selber verstehen, verstehen wir uns auf selbstverständliche Weise in Familie, Gesellschaft und Staat, in dem wir leben. Der Fokus der Subjektivität ist ein Zerrspiegel. Die Selbstbesinnung des Individuums ist nur ein Flackern im geschlossenen Stromkreis des geschichtlichen Lebens. *Darum sind die Vorurteile des einzelnen weit mehr als seine Urteile die geschichtliche Wirklichkeit seines Seins.*« (281)

Dilthey hatte in seinen Schriften bereits die Vernunft als historisch beschrieben, dabei die Geschichte aber immer noch als ein Objekt aufgefasst, das unabhängig vom Erkenntnissubjekt ist. Gadamer beschreibt die Historizität des Bewusstseins auf noch umfassendere Weise. Das Subjekt ist historisch bestimmt und verliert die olympische Betrachterperspektive, die ihm bei Dilthey sicher war. In Gadamers Hermeneutik ist Verstehen historisch bedingt, insofern der Zurückschauende gar keinen Standort außerhalb der Geschichte einzunehmen vermag. Der Interpret ist immer Teil einer Geschichte, die er nicht selbst im Blick hat, sondern die umgekehrt seinen Gesichtskreis und Horizont bestimmt. Sein Horizont ist der Entwurf eines Weltbilds, aber auch Grenze seiner Erkenntnis, Möglichkeitsbedingung und Beschränkung in einem. Jeder Interpret geht mit einem »Vorurteil« auf die Geschichte zu, das seinerseits von der Geschichte geformt wird. Ein transparentes Bild von der Geschichte kann es bei Gadamer demnach nicht geben, denn jeder Interpret ist mit seiner noch so naturgemäß scheinenden Sicht auf die Vergangenheit von der Geschichte abhängig.

Wenngleich Gadamer das Verstehen mithilfe einer optischen Metapher beschreibt, durchzieht seinen Raum eine eher zeitliche Struktur: Horizonte verschmelzen *allmählich*. Und weil Horizonte keine starren und unüberwindlichen Grenzen sind, sondern sich verschieben lassen, kann sich der Gesichtskreis der gegenwärtigen Position um den der Vergangenheit erweitern: »Es gibt so wenig einen Gegenwartshorizont für sich, wie es historische Horizonte gibt, die man zu gewinnen hätte. *Vielmehr ist Verstehen immer der Vorgang der Verschmelzung solcher vermeintlich für sich seiender Horizonte.*« (311)

Auch diese Beschreibung der »Horizontverschmelzung« enthält keine Regeln der Interpretation. Eine methodische Schrittfolge, der sich die Literaturwissenschaft anschließen könnte, sucht man in *Wahrheit und Methode* vergebens. Zwar hat Gadamer die Literaturtheorie nachhaltig geprägt, weil er den hermeneutischen Zirkel um den Interpreten erweitert, seine eigenen Schriften jedoch rechnet er einer philosophischen Hermeneutik zu, die sich von der Methode bewusst distanziert. Diltheys Versuch etwa, die verstehenden Geisteswissenschaften von den erklärenden Naturwissenschaften erkenntnistheoretisch zu emanzipieren, wird Gadamer zufolge dem eigentlichen Anspruch einer philosophischen Hermeneutik nicht gerecht. *Wahrheit und Methode*, so Gadamer einleitend, sei der »Versuch einer Verständigung über das, was die Geisteswissenschaften über ihr methodisches Selbstbewußtsein hinaus in Wahrheit sind und was sie mit dem Ganzen unserer Welterfahrung verbindet« (3). Aufgabe der Hermeneutik Gadamers ist demnach, das Verstehen in allgemeiner Hinsicht zu erörtern, ohne es methodisch anzuwenden.

Anhand eines kürzeren Essays von 1981 lässt sich zeigen, dass er diese Abgrenzung vom Methodischen auch vor dem Hintergrund einer zeitgenössischen Debatte in der Literaturtheorie sucht. In *Text und Interpretation* verteidigt Gadamer seine Philosophie des Verstehens gegen den französischen Strukturalismus und Poststrukturalismus. Auch hier definiert Gadamer Verstehen als »das allgemeine Verhältnis der Menschen zueinander und zur Welt« (Gadamer 1981, 24), mit einem universellen Anspruch also. An Heidegger anschließend beschreibt er den Zirkel des Verstehens als allgemeine Struktur des »In-der-Welt-seins«, und wie dieser orientiert sich Gadamer bei der näheren Bestimmung des Verstehens an der Sprachlichkeit, genauer: am Modell des Dialogs als einer Grundform der Sprache, die schließlich im hermeneutischen Zirkel ihre Entsprechung findet. Das Gespräch, so Gadamer, entfaltet ein Wechselspiel von Rede und Antwort, und nicht anders ergeht es dem Interpreten der Geschichte oder eines Kunstwerks. Jedes Kunstwerk »sagt« etwas und spricht seinen Betrachter an, andernfalls wäre es ihm gar nicht aufgefallen. Gadamer beschreibt das Gespräch als ein »ursprüngliches« Phänomen der Sprache, weil der Dialog ein Sprachmodell veranschaulicht, in dem der Status des Subjekts durchaus fraglich ist: »Der dialogische Charakter der Sprache, den ich herauszuarbeiten suchte, läßt den Ausgangspunkt in der Subjektivität des Subjekts, gerade auch den des Sprechers in seiner Intention auf Sinn, hinter sich. Was im Sprechen herauskommt, ist nicht eine bloße Fixierung von intendiertem Sinn, sondern ein beständig sich wandelnder Versuch oder besser, eine ständig sich wiederholende Versuchung, sich auf etwas einzulassen und sich mit jemandem einzulassen. Das aber heißt: sich aussetzen.« (29 f.)

Im Gegensatz zum formalisierten Sprachmodell des Strukturalismus, der die Terminologie und Unterscheidungen de Saussures übernimmt, wählt Gadamer mit dem »Dialog« eine Metapher, die in einem Essay über den »Text« und die »Interpretation« zunächst überraschen mag. Bei näherer Betrachtung aber zeigt sich bei Gadamer ein Argumentationsmuster, das hier bereits am Beispiel anderer Hermeneutiken vorgestellt wurde. Der Dialog verhält sich zum Text wie die philosophische Hermeneutik zur philologischen Methode, wie die Interpretation der Bedeutung zur Beschreibung der grammatikalischen Struktur. Dilthey hatte in seinem Aufsatz über die Entstehung der Hermeneutik Schleiermachers Unterscheidung von psychologischer und grammatischer Interpretation aufgenommen, zugleich aber auch hierarchisch gegliedert. Die psychologische Interpretation war in seiner Lesart mit der Philosophie des Verstehens verknüpft, die wiederum dem philologischen Verstehen überlegen war, weil erst sie die Methode des Verstehens begründen kann. Gadamers Sprachmodell ist mit dem Diltheys zwar nicht zu vergleichen, wohl aber seine hierarchische Abstufung. Der Dialog ist die Sprache in allgemeiner Hinsicht, der Text lediglich *eine* Form des Sprachlichen. Der Dialog ist dem Text übergeordnet wie die Philosophie des Verstehens der Methodenlehre, und das heißt in Gadamers Aufsatz konkret: wie die Hermeneutik dem Strukturalismus. Während der Strukturalismus sich also ganz auf den Textbegriff stützt, ist er im hermeneutischen Sprachmodell lediglich von untergeordneter Bedeutung. Auf die Überlegenheit der Hermeneutik gegenüber dem Strukturalismus kommt es hier an.

Gadamers Argumentationsmuster ist zwar aus der Geschichte der Hermeneutik bekannt, wie sein Lehrer Heidegger aber entwickelt er einen Sprachbegriff, der sich nicht mehr auf ein Repräsentationsmodell vereinfachen lässt. Bei Dilthey richtete sich das Verstehen nach dem Ausdrucksvermögen eines individuellen Schöpfers, in Gadamers Dialogmodell hingegen verschwindet das Subjekt aus dem Zentrum. Der Dialog ist eine ganz andere Sprachform, weil er die eingeschränkte Kontrolle der intentionalen Rede veranschaulicht: Im Dialog bedarf es der Wiederholungen und Vergewisserungen, der Fragen und Erklärungen, um die beiderseitige Verständigung voranzubringen. Der Dialog führt die Gesprächspartner gewissermaßen vor, er zeigt, dass sich die Sprache nicht durch Absichten kontrollieren lässt, sondern eine eigene Dynamik unabhängig von den Intentionen eines Subjekts entwickelt. Der Dialog stellt also die Souveränität des Subjekts infrage, weil die Rede stets von einem Gegenüber abhängig ist, das den Sinn seiner Rede nicht besser kontrollieren kann. Der Dialog führt vor, dass sich die Bedeutung eines Satzes aus dem Kontext seiner Äußerung ergibt, dass die Sprache kein Medium fertiger Gedanken, keine Repräsentation ist, sondern ein Ort der allmählichen Verständigung. Im Begriff des Dialogs drückt sich aber auch aus, dass die Gesprächspartner überhaupt die gute Absicht haben, sich miteinander zu verständigen. Gadamer dezentriert zwar das Subjekt, aber längst nicht so radikal wie der Poststrukturalismus, gegen den er sich wendet. Gadamer setzt stets einen guten Willen zur Verständigung voraus, den Derrida etwa in seinen Schriften bezweifelt.

Der Dialog hat bei Gadamer also denselben Status wie der Horizont. Er ist Metapher und Modell und nicht zu verwechseln mit der konkreten Gesprächssituation. Aber auch hier ist nach den Effekten zu fragen, die Gadamers Metaphern und Argumentationsmuster hervorrufen, zumal in einem Essay über den Text und die Interpretation. Wenn das Gespräch Modell für jegliches Verstehen, also auch für den Umgang mit dem geschriebenen Text und der historischen Überlieferung ist, wie reflektiert Gadamer dann die Differenz von Mündlichkeit und Schriftlichkeit? Was ist ein Text im Unterschied zum mündlichen Gespräch? »Wie steht Text zur Sprache? Was kann von Sprache in Text hinüber?« (31)

Da Gadamer die Hermeneutik als eine Philosophie begreift, die den begrenzten Wirkungsbereich bloßer Methoden überwinden kann, ist die Differenz zwischen Sprache und Text besonders bedeutsam. Während Strukturalismus und Poststrukturalismus, wie wir sehen werden, Sprache stets als Text auffassen und sich mithilfe der Semiotik methodisch disziplinieren, beharrt Gadamer auf einer allgemeineren Definition der Sprache als Dialog. Texte sind zwar Sprache, das dialogische Wesen der Sprache lässt sich in schriftlicher Form jedoch niemals vollständig erfassen. Folglich muss eine Textanalyse, die sich wie jene der Strukturalisten ausschließlich an der Zeichentheorie orientiert, das Eigentliche der Sprache verfehlen. Sie kann nur ihr »Funktionieren« beschreiben, niemals aber das, worauf es der Hermeneutik ankommt: »das Verständnis des Gesagten« (35). Der Text ist für Gadamer ein bloßes »Zwischenprodukt, eine Phase im Verständigungsgeschehen« (35), das tatsächlich eine dialogische Struktur hat. Eine Interpretation ist lediglich dann notwendig, »wenn der Sinngehalt des Fixierten strittig«, wenn nicht deutlich ist, was der Schreibende ursprünglich »hat sagen wollen, wenn ich sein ursprünglicher Gesprächspartner gewesen wäre« (39). In Passagen wie diesen zeigt sich eine grundsätzliche Ambivalenz seiner Metaphorik. Gadamer beschreibt den Dialog zwar als eine Sprachstruktur, die sich nicht auf die Absichten der Gesprächspartner reduzieren lässt, mit derselben Metaphorik aber provoziert er zugleich die Frage danach, was der Schreibende »hat sagen wollen«. Einerseits dezentriert Gadamer das Subjekt, wenn er die Sprache als eine Form bestimmt, die intentional nicht zu kontrollieren ist, andererseits aber rückt er das Subjekt wieder ins Zentrum des Verständigungsprozesses. Die Sprache ist nicht an sich Gegenstand der Hermeneutik, sondern lediglich das Medium der Verständigung, dessen Eigenheiten von Fall zu Fall eine Interpretation notwendig machen. Und Ziel dieser Interpretation ist es folglich, den Text als Medium überwinden und durchschauen zu können. Gadamers Augenmerk gilt einzig dem Sinn *hinter* dem Text und der Verlautbarung eines Subjekts.

Bemerkenswert ist freilich, dass für Gadamer die Literatur einen besonderen Status hat, der sich auch auf die Interpretation auswirkt. Literarische Texte *entstehen* in schriftlicher Form, weshalb sich ihr Verständnis nicht am Modell des Gesprächs entwickeln lasse. Literarische Texte haben eine eigene Präsenz und Authentizität, so Gadamer, sie sind »da« aufgrund einer »Selbstpräsentation des Wortes« (47). Literarische Texte repräsentieren keinen Sinn, sie sind keine Medien der Mitteilung, vielmehr stellen sie die Sprache selbst dar. Die lautliche Struktur drängt den Wirklichkeitsbezug in den Hintergrund, oftmals sogar derart, dass Wörter durch ihre besondere Betonung scheinbar neue Bedeutungen annehmen: »Ein literarischer Text besitzt [...] einen eigenen Status. Seine sprachliche Präsenz als Text fordert Wiederholung des originalen Wortlauts, aber so, daß sie nicht auf ein ursprüngliches Sprechen zurückgreift, sondern auf ein neues, ideales Sprechen vorausblickt. Das Geflecht der Sinnbezüge erschöpft sich nie ganz in den Relationen, die zwischen den Hauptbedeutungen der Worte bestehen. Gerade die mitspielenden Bedeutungsrelationen, die in die Sinnteleologie nicht eingebunden sind, geben dem literarischen Satz sein Volumen.« (48)

In der Literatur ist Schriftlichkeit keine »Selbstentfremdung«, sondern eine Form, welche die Bedeutungsvielfalt der Sprache veranschaulicht. Die Literatur, bei Gadamer meist ein Gedicht, hat somit denselben Status wie das Gespräch: Sie ist ein Modell der Sprache, weil sie die Entstehung von Bedeutung erfahrbar macht. Die lautlichen Akzentuierungen eines Gedichts etwa erzeugen neue Assoziationen, die Sprache scheint eine Eigendynamik anzunehmen, die sich intentional kaum kontrollieren lässt. Das Nachsprechen eines Gedichts, die Wiederholung des Wortlauts, ersetzt gewissermaßen den Dialog, der sonst diese Eigenmächtigkeit der Sprache vorführen kann. Man hört auf die Sprache, und das in einem durchaus wörtlichen Sinne: Der Sprecher eines Gedichts ist der Sprache unterworfen, die Sprache teilt sich mit, wenn man ihr zu folgen bereit ist. Man ist *im* Gespräch und *im* Gedicht, in einer Sprache also, die nicht auf die Intentionen eines Subjekts, auf keine Repräsentation zu reduzieren ist.

Wie angedeutet, schreibt Gadamer seinen Essay in Auseinandersetzung mit dem Poststrukturalismus, Jacques Derrida insbesondere, für den die Dezentrierung des Subjekts eine der wichtigsten methodischen Herausforderungen ist. Indem Gadamer seinerseits die nicht-intentionale Struktur der Sprache betont, scheint er also eine Gemeinsamkeit mit Derrida hervorzuheben. Bemerkenswert ist, dass sich sowohl Gadamer als auch der Poststrukturalismus dabei auf die Philosophie Heideggers berufen – Heidegger ist wegbereitend für die Hermeneutik im zwanzigsten Jahrhundert, zugleich begründet er mit der dekonstruktiven Denkweise ihre schärfste Kritik. Im Widerstreit Gadamers mit Derrida ist er somit einerseits eine gemeinsame Grundlage, andererseits aber auch eine Quelle ihrer Differenz. Gadamer erwähnt Heidegger auch darum so häufig, weil er in seinem Essay um die rechte Auslegung von dessen Schriften streitet. Wie wir bereits gesehen haben, ist auch dies ein charakteristischer Argumentationsstil für die Hermeneutik: Gadamer versucht die eigene Position als Fortsetzung einer hermeneutischen Tradition zu beschreiben. Er bezieht sich zu Beginn seines Essays auf Heidegger, aber auch das Ende ist eine Replik auf seinen Lehrer.

Mit dem Germanisten Emil Staiger hatte Heidegger über die Auslegung eines Verses in Eduard Mörikes Gedicht *Auf eine Lampe* debattiert (Staiger 1971); Gadamer nun schließt seinen Essay mit einer Interpretation dieser Zeile: »Was aber schön ist, selig scheint es in ihm selbst.« In Gadamers Lesart lässt sich die Wortgruppe »scheint es« zunächst im Sinne von »scheinbar« verstehen. Im Zusammenhang des Gedichts *Auf eine Lampe* jedoch werde deutlich, dass der Vers viel wichtiger ein Leuchten beschreibt. Das Schöne, das in der zitierten Zeile »scheint«, ist demgemäß eigentlich mit der Lampe assoziiert und nicht mit der eher prosaischen Redewendung »scheinbar«. Heidegger hat als erstes auf die etymologische Verbindung von »schön« und »scheinen« hingewiesen und damit eine Deutung vorgegeben, der sich Gadamer mit weiteren Argumenten anschließt, denn auch die »metrische Modulation des Verses«, die Wiederholung des S-Lautes widerspreche der Auslegung von »scheint es« im Sinne von »scheinbar«:

»Das Scheinen wird nicht nur verstanden, sondern es strahlt über das Ganze der Erscheinung dieser Lampe, die in einem vergessenen Gemach unbeachtet hängt und nirgends mehr scheint als in diesen Versen. Das innere Ohr hört hier die Entsprechung von ›schön‹ und ›selig‹ und ›scheinen‹ und ›selbst‹ – und vollends läßt das ›selbst‹, mit dem der Rhythmus endet und verstummt, die verstummende Bewegung in unserem inneren Ohr nachhallen. Es läßt in unserem inneren Auge das stille Sich-Verströmen des Lichtes erscheinen, das wir ›scheinen‹ nennen. So versteht unser Verstand nicht nur, was da über das Schöne gesagt wird und was die Autonomie des Kunstwerkes ausspricht, das von keinem Gebrauchszusammenhang abhängt – unser Ohr hört und unser Verständnis vernimmt den Schein des Schönen als sein wahres Wesen. Der Interpret, der seine Gründe herbeibrachte, verschwindet, und der Text spricht.« (55)

Der Interpret verschwindet aber keineswegs. Wenngleich das Gedicht in Gadamers Lesart keinen anderen Bezug hat als die Sprache, ihm kommt es durchaus auf eine ganz bestimmte Deutung an. Mit der Selbstbezüglichkeit des Gedichts verbindet Gadamer ästhetische Kategorien wie das »Schöne« und die »Autonomie des Kunstwerkes«: »Was aber schön ist«, wird bei Gadamer zum »Schönen« substanzialisiert. Im Nachsprechen des Gedichts vernimmt Gadamer vor allem den Nachhall eines Begriffs, wie er im achtzehnten Jahrhundert diskutiert wird. Um den Resonanzraum dieser Deutung ganz auszuleuchten, müsste man die Geschichte der philosophischen Ästhetiken mit in Betracht ziehen, zumal diese Ästhetiken gerade im Bruch mit den Regelpoetiken entstehen. Mit der Autonomie des Kunstwerks emanzipiert sich die ästhetische Theorie von der Rhetorik und damit von einer rein philologischen Betrachtung der Literatur. Verkürzt gesagt: Gadamer erinnert in seiner Interpretation des Gedichts an eine Tradition, die einer reinen Strukturanalyse seiner Ansicht nach entgehen würde. Wie sich die Ästhetik des autonomen Kunstwerks den Regelpoetiken widersetzt, so Gadamer der Lesart Derridas. Gadamer erinnert also an einen Ursprung der Kunst, der wiederum eine Philosophie des Verstehens hervorgebracht hat, die sich nicht mehr auf eine reine Textanalyse beschränken kann, wenn sie dem autonomen Kunstwerk gerecht werden will. Eine methodische Anweisung für die Interpretation von Gedichten ist von Gadamer folglich aber auch nicht in seinem Mörike-Kommentar zu erwarten, im Gegenteil. Auch hier wird die Lesart eines Gedichts zum Modell für die eigene Theorie, eine Theorie, die sich von der Methode unterscheiden will.

Hans Robert Jauß

Die Geschichte der Hermeneutik folgt zwei Traditionslinien, die sich einander annähern und auch wieder voneinander entfernen: auf der einen Seite die philosophische Lehre des Verstehens, die philologische Textauslegung auf der anderen. Gadamers so ausdrückliche Distanzierung vom Methodischen erschwert es auch der Literaturwissenschaft, aus seiner Hermeneutik ein Interpretationsmodell abzuleiten. Es ist daher nicht verwunderlich, dass Peter Szondi und andere dieses Vakuum zu füllen versucht haben.

Eine »literarische Hermeneutik«, so Szondi, gebe es gar nicht mehr. (Szondi 1975, 25) Auch Hans Robert Jauß' (1921–1997) Rezeptionstheorie ist eine Hermeneutik, die Gadamers »Horizontverschmelzung« von Interpret und überliefertem Text methodisch konkretisieren will. Wie vollzieht sich die Horizontverschmelzung bei der Lektüre eines Textes? Welchen Schritten folgt eine Interpretation? Oder genauer mit Jauß: Wie ist es möglich, dass sich »die ›Verschmelzung der Horizonte‹ in der Begegnung mit der Überlieferung kontrolliert vollzieht«? (Jauß 1975, 138f.) Die gleiche Frage ließe sich mit der Metapher des hermeneutischen Zirkels formulieren: Welche Reichweite hat sein Radius, wenn er den Leser umfasst, und welche Kompetenzbereiche muss die Rezeptionstheorie abstecken, wenn Textverständnis ohne die Leseerwartung nicht denkbar ist?

»Ein literarisches Werk, auch wenn es neu erscheint, präsentiert sich nicht als absolute Neuheit in einem informatorischen Vakuum, sondern prädisponiert sein Publikum durch Ankündigungen, offene und versteckte Signale, vertraute Merkmale oder implizite Hinweise für eine ganz bestimmte Weise der Rezeption. Es weckt Erinnerungen an schon Gelesenes, bringt den Leser in eine bestimmte emotionale Einstellung und stiftet schon mit seinem Anfang Erwartungen für ›Mitte und Ende‹, die im Fortgang der Lektüre nach bestimmten Spielregeln der Gattung oder Textart aufrechterhalten oder abgewandelt, umorientiert oder auch ironisch aufgelöst werden können.« (131)

Jedes Werk weckt allein aus formalen Gründen bestimmte Erwartungen beim Leser, die es erfüllt, variiert oder korrigiert. Diese Signale wirken aber nur, weil der Leser seine Erfahrung aus anderen Lektüren in sein Verständnis einbringt, sich vom Text bestätigen oder überraschen lässt. Jauß' Modell der Horizontverschmelzung basiert einerseits auf der Beschreibung einer Textstruktur, zum anderen aber bezieht es den Leser und seine

»Lebenswelt« ein. Der Verstehensprozess ist eine Vermittlung zwischen Text und Leser, damit aber auch zwischen zwei unterschiedlichen Wissensfeldern. Während die Literaturwissenschaft die Geschichte der Gattungen und ihrer Abweichungen auf der Grundlage von Texten beschreiben kann, bedarf es für die Rekonstruktion von Lesererwartungen und Lebenswelten einer anderen Disziplin. Eine soziologische oder psychologische Analyse des Lesers scheint unvermeidlich, um diesen Verstehensprozess in eine wissenschaftliche Form zu bringen. Auch hier hat die Hermeneutik die Tendenz, mit der Ausweitung des Zirkels einen Bereich zu erschließen, dessen Erforschung sie vor eine zusätzliche Legitimationsprobe stellt. Aber genau dies ist die Pointe von Jauß' Rezeptionsmodell. Weil die Lesererwartung letztlich ein soziologisches Phänomen ist, prägt die literarische Erfahrung des Lesers auch wieder den *»Erwartungshorizont seiner Lebenspraxis«*, sie wirkt auf *»sein Weltverständnis* [...] *und damit auch auf sein gesellschaftliches Verhalten«* (148). Die Folge dieser Rückkopplungen ist es, dass der Rezeptionsprozess niemals zu einem Ende findet. Jede Lesart offenbart, dass ein Text keine fixe Bedeutung hat, sondern ein Sinnpotenzial, das sich immer wieder aufs Neue aktualisieren kann.

Peter Szondi

Während Jauß in seiner Rezeptionstheorie den hermeneutischen Zirkel um den Leser erweitert, begrenzt Peter Szondi (1929 1971) das hermeneutische Untersuchungsfeld auf die Textanalyse. Die Entwicklung der Hermeneutik von der regelgeleiteten Philologie zur rein philosophischen Lehre des Verstehens muss nach Szondi nicht in einen Widerspruch führen. (Szondi 1975, 11) Regelhaftigkeit und Verstehen schließen sich nicht aus, im Gegenteil: Die Geschichte der Hermeneutik zeige nicht nur, dass beide einst aufeinander bezogen waren, sondern auch, dass sich das Verstehen historisch ebenso gewandelt hat wie die Konzeption literarischer Werke. Um im Widerstreit von Philologie und Philosophie zu vermitteln, um Textwissenschaft und Ästhetik zu »versöhnen« (25), skizziert auch Szondi eine Geschichte der Hermeneutik. Die grammatische und die allegorische Lektüre, seit der Auslegung von Homers Schriften in einem beständigen Spannungsverhältnis, müssen wieder in Beziehung gesetzt werden, zumal die Hermeneutik seit Dilthey die allegorische Interpretation einseitig betont habe. Szondi korrigiert die Geschichte der Hermeneutik, wie sie von Dilthey erzählt wird, dessen Darstellung Schleiermachers insbesondere:

> »Schleiermachers Lehre von den beiden Arten der Interpretation, der grammatischen und der technischen bzw. psychologischen, folgt aus seiner These, daß sich das Verstehen aus zwei Momenten zusammensetzt: dem Verstehen der Rede als herausgenommen aus der Sprache und dem Verstehen der Rede als Tatsache im Denkenden. Jeder Mensch sei *auf der einen Seite ein Ort, in welchem sich eine gegebene Sprache auf eine eigenthümliche Weise gestaltet, und seine Rede ist nur zu verstehen aus der Totalität der Sprache. Dann aber auch ist er ein sich stetig entwickelnder Geist, und seine Rede ist nur als eine Thatsache von diesem Zusammenhange mit den übrigen.*« (172)

Dilthey und nach ihm Gadamer stufen die Lehre des Verstehens hierarchisch ab, auch um ihre eigene Philosophie gegenüber der Methode abzugrenzen. Szondi hingegen setzt die beiden Ebenen des Verstehens in ein dialektisches Verhältnis, wobei die grammatische Interpretation das methodische Fundament einer jeden Deutung ist. Auch Szondi beschreibt seine Hermeneutik unter dem Eindruck des zeitgenössischen Strukturalismus, aber anders als Gadamer sucht er eine Form der Vermittlung mit der

Textanalyse. Schleiermacher habe die grammatische Interpretation nach zwei Regeln unterschieden, dem Vergleich eines Textes mit dem allgemeinen »Sprachgebiet« (173) zum einen und der Interpretation einzelner Textstellen mit den sie »umgebenden« Passagen zum anderen. Ganz ähnlich sei de Saussures Unterscheidung vom allgemeinen Sprachsystem und der individuell verfassten Rede, *langue* und *parole*, und auch die Begriffe *Paradigma* und *Syntagma* geben in etwa das wieder, was Schleiermacher auf seine Weise beschreibt: Der Zusammenhang mit dem Ganzen der Sprache erinnere an die *paradigmatische* Beziehung eines Zeichens, der Zusammenhang mit dem unmittelbaren Satz an die *syntagmatische*. Zwar betont Szondi, dass Schleiermachers Verständnis der Sprache seiner eigenen Zeit verpflichtet bleibt, er keineswegs als Strukturalist *avant la lettre* zu bezeichnen sei (180), doch die Absicht seiner historischen Rekonstruktion ist deutlich. Die Hermeneutik lässt sich nicht auf eine Lehre der subjektiven psychologischen Einfühlung reduzieren, denn gerade nach dem *linguistic turn* scheint es geboten, dass sie sich wieder auf ihre eigene Grundlage, und das heißt auf die grammatische Auslegung besinnt.

Manfred Frank hat diese These Szondis aufgegriffen und noch polemisch zugespitzt. In seiner Lesart ist Schleiermacher nicht nur ein Vordenker des Strukturalismus. Weil Schleiermacher die Textanalyse in Form der grammatischen Auslegung in die Interpretation integrieren kann, zeigt seine Philosophie dem Strukturalismus die Grenzen auf, noch bevor er in Erscheinung tritt. Die Interpretation bedarf zweierlei, der grammatischen Rekonstruktion, ebenso aber des Verstehens eines Sinngehalts. Frank zufolge ist die Hermeneutik also selbst für die Entwicklung jenes Verfahrens zuständig, auf das sich der Strukturalismus einseitig beruft. Auch daran lassen sich die Hermeneutiken der zweiten Jahrhunderthälfte erkennen: Sie versuchen den Nachweis zu erbringen, dass sie nicht auf der Stufe Diltheys verharren und die

Ebene des Grammatischen ebenfalls analysieren können. Kaum geändert aber hat sich seit Dilthey ihre historische Einstellung: Die Hermeneutiken entwickeln ihre eigene Position vorzugsweise aus der Geschichte ihrer Theorie.

Szondi bemerkt jedoch auch, dass Parallelen zum zeitgenössischen Strukturalismus nicht hinreichen, um aus der Hermeneutikgeschichte wieder eine grammatische Analyse zu gewinnen. Die eigentliche Herausforderung sei vielmehr, den Übergang von grammatischer Analyse zur Interpretation zu vollziehen, philologisches Beschreiben mit dem hermeneutischen Verstehen zu verbinden. Wie kommt man aber vom Text zur Bedeutung? Mit welcher Methode kann man die Aufspaltung der Hermeneutik in Philosophie und Philologie, in Theorie und Methode überbrücken? Eine »Metaphernlehre«, so deutet Szondi an, könnte beide Traditionen der Hermeneutik zusammenführen.

Paul Ricœur

Der letzte Teil dieses Kapitels widmet sich einer Hermeneutik, die diesen Gedanken aufgreift und systematisch ausarbeitet. Paul Ricœurs (1913–2005) Schriften haben in seiner Metapherntheorie ihr methodisches Zentrum. Auch seine Hermeneutik entsteht in Auseinandersetzung mit dem Strukturalismus, wie sein Essay *Die Metapher und das Hauptproblem der Hermeneutik* aber zeigt, integriert Ricœur im Gegensatz zu den deutschen Vertretern der Hermeneutik die Terminologie des Strukturalismus in sein Modell. Ricœurs Hermeneutik ist eine Theorie von Signifikanten, Signifikaten und Referenten, ihren Definitionen und ihrem Zusammenspiel.

Ein »Hauptproblem« der Hermeneutik ist die Metapher darum, weil sie ein Text *en miniature* ist, sich also von einer Theorie der Metapher eine methodische Aufklärung über die Interpretation eines Werkes erhoffen lässt. Die Metapher ist Ricœurs Grundmodell eines Textes, beide unterscheiden sich nur durch ihre Länge. Zumindest implizit knüpft er damit an die aus der Geschichte der Hermeneutik vertraute Allegorese an, denn die Allegorie lässt sich genauso definieren: als eine zu einem Text oder einer Textpassage fortgesetzte Metapher.

Bemerkenswert ist, dass Ricœur in seinem Aufsatz die Interpretation zwar als »Hauptproblem« der Hermeneutik und im Sinne Diltheys »als Gegenbegriff zu dem der Erklärung« (Ricœur 1972/1983, 356) bezeichnet, dann jedoch ein Modell vorschlägt, das die verstehende »Interpretation« mit der »Erklärung« ins Verhältnis bringt. Auch bei ihm findet sich das vertraute Argumentationsmuster: Ricœur unterscheidet zwei Ebenen des Textes, denen wiederum die beiden unterschiedlichen Lesarten entsprechen. Die Aufgabe der Hermeneutik ist nun, zwischen beiden eine Form der Vermittlung herzustellen, den Text als »System« *und* als »Ereignis«, als »Struktur« *und* als »Bedeutung« zu beschreiben, sein »Was« *und* sein »Wie«, seinen »Sinn« *und* seinen »Gegenstand«. Allein diese dichotomischen Gegenüberstellungen verdeutlichen, dass sich Ricœur auf die Zweiteilung der Interpretation bezieht: Die grammatische Analyse würde sich (wie der Strukturalismus) um die Sprache des Textes, seine Struktur kümmern, um seinen Schriftsinn; Schleiermachers psychologische Interpretation hingegen um die Besonderheit des Textes, seine individuellen Eigenschaften und seine Bedeutung jenseits des buchstäblichen Sinns.

Anders als die deutschen Hermeneutiken beruft sich Ricœur in seiner Theorie nicht auf den Rückhalt einer Tradition, sondern versucht die Interpretation systematisch anhand einer Theorie der Metapher zu entwickeln. Metaphern sind Figuren, die in der Interaktion neue Bedeutungen stiften. Während die sogenannte

»Substitutionstheorie« die Metapher als einen uneigentlichen Ausdruck beschreibt, der sich stets durch seine eigentliche Bedeutung ersetzen lässt, betont die »Interaktionstheorie«, dass viele Metaphern gar keine eigentliche Bedeutung haben, sondern schöpferische Ausdrücke sind, die sich folglich gar nicht übersetzen lassen. (364) Die metaphorische Rede ist überraschend, weil ein Ausdruck in einem bestimmten Kontext eine andere Bedeutung annimmt. Die Metapher verstößt gegen die Erwartungshaltung und die üblichen Sprachkonventionen, sie ist innovativ, ein »Ereignis« im Sprachsystem. Die Konvention, gegen die eine Metapher verstößt, trägt nicht der Leser an den Text heran, sie wird vom Text, seinem Genre und seiner Struktur selbst gesetzt. Um eine Metapher zu verstehen, bedarf es daher zunächst einer Erklärung des Textes als Sprachsystem. Metapher und Text bedingen einander gegenseitig, insofern die Metapher ihre Ereignishaftigkeit durch das Verhältnis zum Gesamttext gewinnt, der Text umgekehrt aber insgesamt einem metaphorischen, und das heißt schöpferischen Ausdruck gleicht. Das Innovative eines Textes wird nicht verstanden, indem man sich in einen Sprecher hineinversetzt, ihn psychologisch zu verstehen versucht: »Verstehen heißt, der Dynamik des Werkes, der Bewegung von dem, was es sagt, zu dem, worüber es etwas sagt, folgen. Über meine Situation als Leser, über die Situation des Autors hinaus, stelle ich mich selbst den möglichen Weisen des In-der-Welt-seins, die der Text mir eröffnet und enthüllt. Das nennt Gadamer die ›Horizontverschmelzung‹ in der historischen Erkenntnis.« (370 f.)

Wenngleich Ricœur in dieser Passage Anschluss an Gadamer sucht, seine grundsätzliche Differenz zu dessen Hermeneutik ist offenkundig. Um das Ziel der Horizontverschmelzung vor Augen zu führen, beschreibt Ricœur eine Methode, die Grundlagen der Interpretation und des Verstehens eines Textes sind bei ihm ganz konkret in der Analyse von Metaphern zu finden. Versteht man einen Text, dann versteht man, wie die Metaphern Ereignisse gegen die Struktur der Sprache setzen, wie sie im Sprachsystem eine individuelle, überraschende Bedeutung stiften. Metaphern sind Sprachschöpfungen, ihre Theorie ein Nachvollzug dieser Bedeutungsstiftung, die aber keineswegs auf die Fantasie eines individuellen Geistes zurückgreift. Der Leser und Interpret kann vom kreativen und schöpferischen Sprachgebrauch eines Werkes lernen, nämlich sich über die Grenzen eines gegebenen Systems hinwegzusetzen, um den Möglichkeitssinn von Sprache zu erfahren. Genau dies meint Ricœur mit der Erweiterung des eigenen Gesichtskreises um den Horizont des Textes. In seiner Metapherntheorie geht es nicht um die Vermittlung zwischen Autor und Leser, auch nicht um das Verstehen eines Autors, ganz im Gegenteil. Beim Verstehen eines Textes erschließt sich der »Horizont einer Welt, auf die sich ein Werk bezieht« (371), anders gesagt: der Sinn für die Möglichkeit, sich selbst zu entwerfen. Das Werk bereichert den Leser um dieses kreative Potenzial. Damit distanziert sich auch Ricœur vom Repräsentationsmodell der Sprache. Die Referenz literarischer Texte ist nicht etwas, das bereits vor ihrer Niederschrift existiert hätte. Ihre Referenz ist eine mögliche Welt. Was die Metapherntheorie Ricœurs zu leisten beabsichtigt, ist die Befähigung zu einer kritischen Lektüre, in der sprachliche Grundlagen und Verfahrensweisen dieser Bedeutungsschöpfung anschaulich werden. Der kritische Leser kann nachvollziehen, wie ein Text Bedeutungen entwirft, und folglich auch seine eigene Fähigkeit, Bedeutung zu stiften, verstehen lernen.

Die in diesem Kapitel nachgezeichneten Entwicklungslinien der Hermeneutik – philosophische Verstehenslehre und Philologie als Methode – zeigen sich auch in den unterschiedlichen Textmodellen. Die Unterscheidung von Bedeutung und Grammatik, von Sinn und Struktur setzt die Hermeneutik in der zweiten Hälfte des zwanzigsten Jahrhunderts vorzugsweise dazu ein, sich gegen den Strukturalismus zu behaupten, oder mehr noch: ihn rhetorisch zu überbieten. Aber ist die strukturalistische Unterscheidung von Signifikant und Signifikat tatsächlich nur eine andere Version der hermeneutischen Unterscheidung von Sprache und Bedeutung? Wie das folgende Kapitel zeigt, geht es im Strukturalismus keineswegs nur darum, die Funktion der grammatischen Struktur und des Signifikanten auszuzeichnen. Mit der Einführung des semiotischen Zeichenmodells verändert sich die Sprachtheorie grundsätzlich – und mit ihr die Funktion der Literatur.

II. Theorien der Zeichen

Sigmund Freud

Im Titelblatt von Sigmund Freuds (1856–1939) *Traumdeutung* ist das Erscheinungsjahr 1900 ausgewiesen, obwohl die Schrift bereits 1899 erschienen war; es sollte ein Werk mit epochaler Wirkung sein, eine Gründungsschrift. Für die Literaturtheorie ist die *Traumdeutung* prägender als Freuds Aufsätze über Kunst und Literatur, denn anders als die im vorigen Kapitel diskutierten philosophischen Hermeneutiken scheint er mit seiner Beschreibung der »Traumarbeit« eine konkrete Methode der Interpretation zu entwickeln, von der auch die Lektüre literarischer Texte profitieren kann. Dabei ist Freuds Hauptwerk als Theorie der »Deutung« und Interpretation durchaus vergleichbar mit der Hermeneutik seiner Zeit. Die Traumarbeit, so heißt es einleitend, habe zu klären, wie der »manifeste Trauminhalt«, das ist Freud zufolge die morgendliche Erinnerung an den nächtlichen Traum, mit dem eigentlichen und unterdrückten »latenten Traumgedanken« zu verknüpfen sei. (Freud 1900/2000, 280) Die Traumdeutung, so scheint es, ist eine Theorie der Übersetzung, die wie alle Interpretationen einen verborgenen Sinn hervorbringen will. »Latent« sind Traumgedanken, weil sie von der unbewussten Zensur so entstellt werden, dass sie die in ihnen verborgenen Wünsche niemals direkt ausdrücken. Woran sich Träumende erinnern, sind lediglich »Bilderrätsel«, deren Zeichen man verstehen und übertragen muss, um die verdrängten Wünsche zur Sprache zu bringen: »Die richtige Beurteilung des Rebus ergibt sich offenbar erst dann, wenn ich [...] mich bemühe, jedes Bild durch eine Silbe oder ein Wort zu ersetzen, das nach irgendwelcher Beziehung durch das Bild darstellbar ist. Die Worte, die sich so zusammenfinden, sind nicht mehr sinnlos, sondern könnten den schönsten und sinnreichsten Dichterspruch ergeben.« (281)

Und doch unterscheidet sich Freuds *Traumdeutung* von den verschiedenen Spielarten der Hermeneutik beträchtlich. Der Traum mag zwar mit einem »Dichterspruch« vergleichbar sein, aber Freud beschreibt ihn auch als einen Text, der von keinem Subjekt hervorgebracht wird. Jener schöpferische Autor, dessen »Seelenleben« Diltheys ganze Aufmerksamkeit gilt, ist bei Freud dezentriert. Das zeigt sich bereits rein grammatikalisch an den passivischen Formulierungen, mit denen er die Träume beschreibt. Der Traum selbst nimmt die Stellung des Subjekts ein, er »arbeitet«, bedient sich bestimmter »Arbeitsmittel«, um den entstellten manifesten Traumtext zu erzeugen. Der Interpret auf der anderen Seite muss zwar bei der Rekonstruktion dieser Mechanismen den Traum »durcharbeiten«, er fühlt sich dabei aber nicht in ein Individuum ein. Die Psychoanalyse Freuds ist weniger psychologisch als die Hermeneutik Diltheys. Als Traumarbeit bezeichnet Freud die grammatikalische Struktur des Traums, die Traumdeutung ist weniger am Sinn und der Bedeutung einzelner Träume interessiert als vielmehr an deren Verfahren. Das Wesentliche am Traum ist nicht der latente Gedanke; der Sinn des Traums liegt allein in der Traumarbeit, die sich vier unterschiedlicher Mechanismen und »Arbeitsmittel« bedient: »Verdichtung«, »Verschiebung«, »Rücksicht auf Darstellbarkeit« und der »sekundären Bearbeitung des Traummaterials«. Alle vier Traumfunktionen entstellen die Wünsche des Subjekts.

Die »Verdichtungsarbeit« ist eine Form der Verknappung des Traumgedankens. Der latente Traumgedanke, so Freud, ist viel umfassender als seine komprimierte Entstellung, der manifeste Trauminhalt ist »überdeterminiert« (293). Träumende haben in der Regel zahlreiche Assoziationen zu den einzelnen manifesten Traumbildern, daran zeigt sich, dass der latente Inhalt zu Bildern komprimiert wurde. Freud zufolge müssen wir sogar annehmen, dass die Analyse der Traumbilder unendlich fortschreiten könnte, weil der Quotient der Verdichtung letztlich unbestimmbar ist. Die Art der Assoziationen jedoch lässt sich konkret bestimmen. Entweder die Assoziationen knüpfen an die inhaltliche Vorstellung des Traumbilds an und nehmen das Bild gewissermaßen als Metapher. Oder aber die Assoziation kommt aufgrund einer buchstäblichen Verbindung zustande. Um ein Beispiel zu nennen: Träumt man von einem Auto, so kann das Bild des Wagens Erinnerungen wecken oder auch in ganz unmittelbarem Zusammenhang mit gegenwärtigen Lebensereignissen stehen. In einem eher wörtlichen Sinne könnte man das Auto aber auch als einen anderen Ausdruck für das Selbst verstehen, gemäß seiner griechischen Bedeutung. Die Wörter der manifesten Traumerzählung können als Signifikanten Bedeutungen verbergen. (303) Obwohl sich in der Praxis der Traumanalyse zeigt, dass diese verschiedenen Assoziationsmöglichkeiten einander nicht ausschließen und sich scheinbar endlos fortsetzen lassen, ist die Analyse dieser Verbindungen Freud zufolge keineswegs beliebig. Die Assoziationen sind nur darum möglich, weil ihre Verknüpfungen schon in den Traumgedanken gegeben waren. Im Gespräch über den Traum wird der Analysand mithilfe seines Analytikers folglich auch merken, welche der vielfältigen Assoziationsmöglichkeiten naheliegend und plausibel sind.

Während die Traumdeutung bei der Analyse der Verdichtung auf ein ganzes Paradigma von Bedeutungen und Assoziationen schließen kann, die sich entweder mit dem Inhalt eines Traumbilds oder dem Bild als materiellem Träger verknüpfen, handelt die Funktion der Verschiebung von der Gliederung der Traumsequenzen in ihrer chronologischen Abfolge. Die Verdichtung lässt sich als gleichsam vertikale Dimension veranschaulichen, die Verschiebung hingegen als horizontale Anordnung. Eine »psychische Macht« (307) ist für die Verschiebung verantwortlich, sie zensiert und entstellt den Traum derart, dass wichtige und zentrale Gedanken scheinbar nebensächlich werden und umgekehrt. Wer von seinen Träumen erzählt, rückt oftmals besonders beeindruckende Ereignisse ins Zentrum, die für die Analyse der entstellten Wünsche aber viel weniger erheblich sind als die flüchtigen und verschwommenen Erinnerungen am Rande. Die Verschiebung ändert die »Wertigkeiten« der Traumgedanken. (327)

Als »Rücksicht auf Darstellbarkeit«, einer dritten Traumfunktion, beschreibt Freud den eigentümlichen Umstand, dass der Traum selbst an den manifesten Bildfolgen mitwirkt, »ähnlich wie bei der Arbeit des Dichters« ein Reimschema den Inhalt von Versen prägt. (336) Die Bildfolge des Traumtextes wird aufgrund formaler Eigenschaften modifiziert, der Traum entwickelt eine eigene Struktur, die sich auf seinen Inhalt niederschlägt. Nie kann man sicher sein, das eigentliche »Original« des Traums gegenwärtig zu haben. Nicht einmal die nachträgliche Erzählung des Geträumten ist eine originalgetreue Reproduktion der Traumerinnerung. Als vierte und letzte Traumfunktion beschreibt Freud dies als »sekundäre Bearbeitung der Träume«: Der Traum ist kein abgeschlossener Text, sondern es ist durchaus denkbar, dass man seine Traumerzählung ergänzt, korrigiert und verfälscht. Die Bezeichnung »sekundäre Bearbeitung« ist dabei im Grunde irreführend, suggeriert sie doch, es sei ein *eigentlicher* und unverstellter Traum gegeben. Das Original hinter der Verstellung und der morgendlichen Traumerzählung gibt es jedoch gar nicht, zumindest ist es nie direkt zugänglich oder verfügbar. Manifeste Träume, und hier unterscheidet sich Freud von seinem Zeitgenossen Dilthey, sind keine Repräsentationen, die sich in einen unterdrückten Wunsch übersetzen ließen. Träume *sind* Traumarbeit, das Werk einer produktiven Zensur, das nicht abgeschlossen ist, nachdem man morgens erwacht ist. Die »sekundäre Bearbeitung der Träume« ist als Fortsetzung der Traumarbeit zu verstehen, auch sie stellt »Bedingungen«, denen ein Traum genügen soll, und diese Bedingungen wirken »ebenso wie die der Verdichtung, der Widerstandszensur und der Darstellbarkeit gleichzeitig auf das große Material der Traumgedanken induzierend und auswählend« (479). Die sekundäre Bearbeitung ist Teil der Traumfunktionen, eine grundsätzliche Differenz zwischen der wachen Reflexion und dem nächtlichen Träumen gibt es folglich gar nicht. Die Traumarbeit setzt sich fort, wenn man den Traum darstellen und analysieren will.

Freuds *Traumdeutung* ist demnach keine hermeneutische Theorie, die auf einem kohärenten Text- und Sinnbegriff basiert. Die »Übersetzung« von manifesten Traumbildern in latente Traumgedanken führt nicht zurück an einen Ursprung und zu einer eigentlichen Bedeutung, der Ursprung der Träume liegt einzig in ihrem Verfahren, mit dem sie die Artikulation von Wünschen blockieren. Die Traumarbeit verhindert die Repräsentation von Wünschen, eine eindeutige Übersetzung der Träume in einen eigentlichen Text ist demnach gar nicht möglich.

In Traumbüchern früherer Epochen wurden die Symbole des Traums noch als feste Bedeutungen dechiffriert. Es wurden Tafeln mit Symbolen und ihrem vermeintlich evidenten Sinn erstellt, als könne man für jedes Traumbild einen eigentlichen Ausdruck finden. Zwar gibt es auch bei Freud noch »typische Träume«, die jedem vertraut sind, und ihre Bedeutung scheint so offenkundig zu sein, dass sie als Zeichen einer allgemeinen

Sprache zu verstehen sind, aber die Symbolsprache ist nicht als solche wesentlich für den Traum. Symbole sind kollektive Bedeutungsträger, die von einer kulturellen und historisch bestimmten Gemeinschaft verstanden werden. Jede Kultur, so Freud, verfüge über ein Archiv von Symbolen in ihren Mythen, Sagen und Redensarten. (346) Träume jedoch sind aufgrund ihrer Techniken stets in der Lage, selbst Zeichen und Bilder zu entwerfen, Bedeutungen zu produzieren oder zu verändern, und dies gilt auch für Träume, die sich typischer Symbole bedienen. Der Traum entstellt und bearbeitet das Symbol wie andere Bilder auch, ihre Übersetzung in eine eigentliche Bedeutung würde das Wesentliche des Traums daher wiederum verfehlen. Der Traum ist ein Gewebe, das sich gewissermaßen selbst erzeugt. Fraglich wird somit jedoch auch, ob der manifeste Traum tatsächlich als nachträgliche und entstellte Form eines latenten Traumgedankens zu verstehen ist. Könnte man nicht auch umgekehrt argumentieren, dass die Deutung nicht zu einem Ursprung und Original zurückführt, sondern den latenten Traumgedanken erst in der Analyse herstellt? Schließlich orientiert sich Freud ja gar nicht am Inhalt des Geträumten, sondern an der Form und Struktur des Träumens. Anders als hermeneutische Theorien also ist er nicht an der Bedeutung orientiert, sondern am Traum als Arbeit am Signifikanten. Wenn es der Sinn von Träumen ist, den Sinn des Traums zu entstellen, dann ist der Traum ein Text, der nicht verstanden werden will.

In vielen seiner Schriften verweist Freud auf literarische Texte, um seine Ausführungen mit einem Beispiel zu versehen. Im Abschnitt über die Traumarbeit etwa erwähnt er auf nur wenigen Seiten Goethes *Faust*, Ludwig Uhland, *Sappho* von Alphonse Daudet, Guy de Maupassant, eine Stelle aus Mozarts *Zauberflöte* und Henrik Ibsen – Texte und Kunstwerke, deren Kenntnis er als Bildungsbürger mit seinen Lesern teilte. Nicht zuletzt bezeichnet er mit dem Ödipus-Komplex einen psychoanalytischen Sachverhalt anhand eines literarischen Vorbilds. Möglich ist dies Freud zufolge darum, weil die Ödipus-Sage seit Sophokles unvermindert fasziniert, weil auch der heutige Betrachter von der Handlung so in Bann gezogen, so berührt wird vom Stoff der Erzählung oder des Bühnengeschehens, dass er sich offenkundig mit den Erlebnissen der historischen Figuren identifizieren kann. Auch die Literatur ist für Freud ein kulturelles Archiv, in dem individuelle, aber auch kollektive Erfahrungen aufbewahrt werden, die sich in der Geschichte eines jeden Einzelnen oder einer Gesellschaft wiederholen. Als kulturelles Gedächtnis kann die Literatur der Psychoanalyse ersetzen, was für die Medizin der Körper ist, sie ist eine andere Form des empirischen Materials. Für Freud hat die Interpretation literarischer Texte folglich zumeist einen begründenden Charakter. In der Literatur findet die Psychoanalyse Modelle, Beobachtungen und die Vorgeschichte der eigenen Disziplin.

Auf andere Weise wird dies auch in Freuds Fallgeschichten anschaulich, die selbst oftmals einen literarischen, novellistischen Charakter haben, sich ihrerseits einer narrativen Form bedienen und aus der Beschreibung einer Behandlungsgeschichte eine objektivierbare Diagnose und Erkenntnis ableiten. Das psychoanalytische Wissen bezieht sich auf Literatur und wird mit literarischen Strategien hergestellt. Ebenso wie die Literatur für die Psychoanalyse ein Modell ist, lässt sich der Autor und Dichter auch als ein Vorbild für Freud bezeichnen. Sicherlich nicht im Sinne des schöpferischen Genies, wohl aber als jemand, der die Einsichten der Psychoanalyse auf seine Weise zum Ausdruck bringen kann.

Daraus folgt jedoch nicht, dass die Anwendung der Psychoanalyse als Interpretationsmethode unbedingt zwingend ist. Die frühe psychoanalytische Literaturwissenschaft hat häufig zu kausalen Erklärungsmustern gegriffen und versucht, literarische

Texte als Ausdruck von biografischen Konflikten zu deuten. Aufschlussreich ist, dass sich Freud selbst zwar auf die Literatur als Modell bezieht, andererseits aber die Psychoanalyse keineswegs als kompetente Literaturwissenschaft versteht: »Wir müssen zugeben, daß auch das Wesen des Künstlerischen uns psychoanalytisch unzugänglich ist.« (Freud 1910/2000, 157) Die Psychoanalyse kann eine Theorie zur Genese literarischer Texte oder Kunstwerke entwickeln, sie kann Motive und Figurenkonstellationen kommentieren, aber die spezifische Eigenschaft des Künstlerischen, die Literarizität eines Textes muss ihr, Freud zufolge, verborgen bleiben. Über den Dichter schreibt Freud, dass seine Fantasien dem Tagtraum und dem Kinderspiel vergleichbar seien (Freud 1908/2000), literarische Texte also nur eine Ausdrucksform unter anderen sind und keineswegs ein spezifisches Medium, dessen Eigenschaften Freud untersuchen würde. Seine Schriften über Kunst und Literatur versteht Freud als psychoanalytische, nicht als Beiträge zur Literaturwissenschaft oder Ästhetik. Andererseits aber, so sollte dieser Abschnitt zeigen, ist Freuds Beschreibung der Traumarbeit durchaus auch aus literaturtheoretischer Sicht relevant. Hier geht es schließlich weniger um die Psyche von Künstlern und Figuren, sondern vielmehr um die Verfertigung und Chiffrierung von Bildern, deren Eigentümlichkeiten Freud völlig unabhängig von persönlichen Biografien beschreibt.

Jacques Lacan

Freud kommt mit seiner Beschreibung der Traumarbeit der Literatur viel näher als mit seinen Schriften über literarische Stoffe. Der Abschnitt über die Traumarbeit ist daher für die Geschichte und Systematik der Literaturtheorien aufschlussreicher als seine Schriften über Kunst und Literatur. Vor allem Jacques Lacans (1901–1981) Aufsatz über *Das Drängen des Buchstaben im Unbewußten oder Die Vernunft seit Freud* (1957), der vielleicht wichtigste und folgenreichste Kommentar zu Freuds Beschreibung der Traumarbeit, hat zu dieser Wirkungsgeschichte beigetragen. In Lacans Lesart ist Freuds Traumkonzept eine Theorie des Signifikanten und seiner Funktionen in der Sprache.

Die »literarische Qualifikation«, so bemerkt Lacan programmatisch zu Beginn seines schwierigen Essays, sei für Freud die wichtigste Grundlage der Psychoanalyse gewesen (Lacan 1961/1975, 18) – ein Seitenhieb gegen die psychoanalytische Lehrmeinung in Frankreich. Man muss wissen, dass Lacan als Psychoanalytiker zeitlebens umstritten war: 1953 tritt er aus der Psychoanalytischen Vereinigung Frankreichs aus; der eigene Verband, den er kurz darauf gründet, wird von der Internationalen Gesellschaft für Psychoanalyse nicht anerkannt. 1963 schließlich wird ihm sogar die Lizenz des Lehranalytikers entzogen. In seinem Aufsatz nun versucht Lacan die Grenzen der psychoanalytischen Disziplin zu überwinden und mittels der »literarischen Qualifikation« eine Verbindung zur Linguistik und Philosophie herzustellen. Gerade darum aber ist sein Essay auch für die Geschichte der Literaturtheorien so relevant.

Unsere kurze Darstellung folgt der Gliederung des Essays: Im ersten Teil diskutiert Lacan die Linguistik de Saussures, im zweiten Abschnitt die Traumarbeit nach Freud, im dritten schließlich »die Vernunft nach Freud«, die jüngste Philosophiegeschichte also. Alle drei Teile verweisen aufeinander und bedingen sich gegenseitig: Lacan liest de Saussures *linguistic turn* mit Freud, Freuds Traumarbeit mit de Saussure und Jakobson, und auf dieser Grundlage schließlich formuliert er seine Kritik der abendländischen Metaphysik bis Heidegger. De Saussure, Freud, Heidegger – mit allen drei Namen verbindet sich eine Kehre, eine Revolution der Denkart. Keinen geringeren Anspruch erhebt Lacan mit seinem eigenen Aufsatz, insofern er die Möglichkeitsbedingungen der Theorien de Saussures, Freuds und Heideggers reflektiert und somit ihre Revolution der Denkart noch einmal begründet. Lacan schreibt über de Saussure, Freud und Heidegger, um über sie hinauszugehen; sie sind Vorbild und zugleich Gegenstand seiner Kritik.

Im Unbewussten, so sagt Lacan zu Beginn des Aufsatzes mit einer für ihn typischen verknappten Formulierung, ist »die ganze Struktur der Sprache« (19). Das Unbewusste ist aber nicht nur wie die Sprache organisiert, es entsteht überhaupt erst durch den Eintritt in die Sprache. Lacans Grundannahme ist, dass die Sprache, oder genauer: der Signifikant das Subjekt kontrolliert. Im Gegensatz zu einer Psychologie, die sich auf Triebe, auf die Gesellschaft oder anderes beruft, um das Subjekt zu beschreiben und zu analysieren, sind für Lacan die Gesetze der Sprache grundlegend.

Dies erschwert den Einstieg in sein theoretisches Modell allerdings erheblich, denn auf das Gesetz der Sprache lässt sich nur indirekt schließen, weil die *langue* sich niemals als solche zeigt. Die Funktion des Signifikanten ist folglich nur über konkrete Beispiele zugänglich. Wie der Titel seines Essays vorwegnimmt, konzentriert sich Lacan daher auf die Funktion des Buchstabens, der als empirisches Material konkret gegeben ist und über den sich auf die abstraktere *langue* indirekt schließen lässt. Buchstaben sind konkrete Beispiele für das, was de Saussure in seinen Vorlesungen als Signifikanten beschreibt. Buchstaben gehören also zur Gruppe der Signifikanten, wobei nicht jeder Signifikant ein Buchstabe ist. Der Signifikant ist eine allgemeine Form, die der Buchstabe konkretisiert. Im Unterschied zum reinen Signifikanten sind Buchstaben schon Elemente einer bedeutungsvollen symbolischen Ordnung. Oder anders herum: Signifikanten sind grundsätzlicher, die Bedingung der Möglichkeit dafür, dass man sich mit Buchstaben einer symbolischen Form bedienen kann; Signifikanten sind wie die *langue* bei de Saussure eine reine Form, der man aber als solcher nie begegnet. Es gibt folglich keinen anderen Weg zum Signifikanten als den buchstäblichen, den Versuch nämlich, Buchstaben »einzig und allein buchstäblich« zu betrachten, ohne sich von ihrem Sinnpotenzial ablenken zu lassen. (19) Vereinfacht gesagt geht es Lacan darum, die Aufmerksamkeit auf die Materialität der Zeichen zu lenken und ihre Mitteilungsfunktion zunächst zu ignorieren, weil die reine Funktion des Signifikanten sich nicht anders erschließen lässt.

Am Anfang von Lacans Theorie steht also ein Darstellungsproblem. – Wie zur Sprache bringen, was der Sprache vorausgeht? Anschaulich wird dieses Darstellungsproblem besonders dann, wenn Lacan die Funktionen und Gesetze des Signifikanten in mathematischer Schreibweise, in Form von »Algorithmen« darstellt. In de Saussures Vorlesungen ist das Zeichen noch anhand einer Ellipse illustriert, in deren oberem Feld das Signifikat, das Bezeichnete (franz. signifié), eingetragen ist, unterhalb des Trennstrichs der Signifikant, das Bezeichnende (franz. signifiant). Lacan hingegen ersetzt diese Skizze durch einen »Algorithmus« (21), bei dem nunmehr der Signifikant als groß »S« oberhalb des Trennstrichs vom Signifikat, klein »s«, getrennt ist.

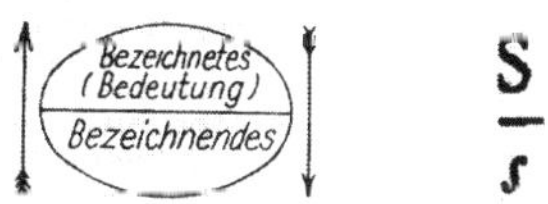

Abb. 4: Zeichen nach Saussure (1916/1967, 136)
Abb. 5: Zeichen nach Lacan (1961/1975, 21)

Die Ellipse fehlt bei Lacan. Allein die Gegenüberstellung dieser unterschiedlichen Schematisierungen verdeutlicht einige der grundlegenden Differenzen zwischen de Saussure und Lacan: De Saussure begrenzt mittels der Umrandung das Zeichen als eine geschlossene Einheit, seine Beschriftung des Zeichenschemas lässt außerdem vermuten, dass sich beide in einer Balance befinden, auch wenn die mathematische Darstellungsform mit einem Bruchstrich eine Rollenverteilung andeutet. Anders Lacan, der sowohl die geschlossene Form des Zeichens als auch das Gleichgewicht von Signifikant und Signifikat infrage stellt. Mit groß »S« hebt er die Funktion des Signifikanten hervor, das Verhältnis zum Signifikat ist auf den Kopf gestellt und der Signifikant ist in seiner Theorie schon grafisch dominant. Während de Saussure das Zeichen mittels seiner Skizze *repräsentiert*, findet Lacan mit dem »Algorithmus« eine Formel für die Zeichenfunktion. De Saussures Schema *illustriert* das Zeichen, Lacans Algorithmus *produziert* Zeichen und ist somit dem Schema de Saussures gewissermaßen übergeordnet. Sein Algorithmus ist eine Metasprache, in der de Saussure zum Gegenstand einer Theorie wird.

Lacan beschreibt den Algorithmus als eine Formel, die das Verhältnis zweier Größen zueinander bestimmt. Der Algorithmus sei zu lesen als »Signifikant über Signifikat, wobei das ›über‹ dem Balken entspricht, der beide Teile trennt« (21). Der Trennstrich zwischen Signifikant und Signifikat sei eine »Schranke, die sich der Bedeutung widersetzt«. Auch hier zeigt sich der Unterschied zu de Saussure. In dessen Modell diente der Bruchstrich dazu, die arbiträre Beziehung zwischen Signifikant und Signifikat anzuzeigen. Nichtsdestotrotz beschreibt de Saussure aber die Entstehung von Bedeutungen, er geht grundsätzlich von einer sinnvollen Kommunikation aus. In Lacans Algorithmus hingegen ist der Balken ein Hindernis, das die Bedeutung unmöglich macht. Lacans Grundlagenbestimmung der Linguistik ist eigentlich deren Infragestellung, denn wenn die Schranke, französisch »barre«, die Bedeutung verhindert, dann zeigt der Algorithmus letztlich, dass die Zeichen de Saussures niemals zustande kommen. Lacans Ausführungen dienen nicht nur der Begründung und Grundlegung der Linguistik de Saussures, sondern auch deren Unterwanderung. Um es an einem anderen Beispiel zu verdeutlichen: In de Saussures Vorlesungen findet sich die Skizze eines Baums, die – dem Wort »arbre« gegenübergestellt – die Kluft zwischen Zeichen und Ding veranschaulichen soll. Lacan übernimmt diese Skizze, fügt ihr aber noch eine weitere Zeichnung hinzu, die de Saussures Schema nicht nur ergänzt, sondern zugleich bezweifelt: Die Signifikanten »hommes«/»Herren« und »dames«/»Damen« über dem Bild von zwei identischen Türen.

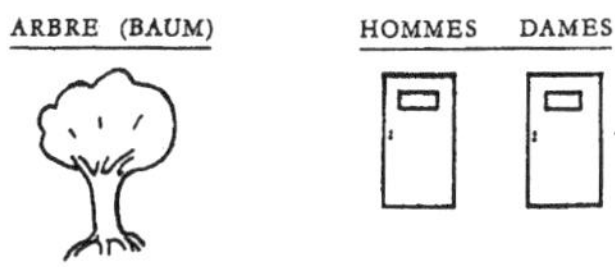

Abb. 6/7: Signifikanten und ihre Signifikate (Lacan 1961/1975, 23, 24)

Dazu schildert Lacan folgende »Kindheitserinnerung«: »Ein Zug läuft in einem Bahnhof ein. Ein kleiner Junge und ein kleines Mädchen, Bruder und Schwester, sitzen in einem Abteil an der Fensterseite, und zwar einander gegenüber. Nun sehen sie eine Kette von Gebäuden vorubergleiten an einem Bahnsteig, an dem der Zug hält: ›Schau, wir sind in Frauen!‹, sagt der Bruder. ›Dummkopf‹, erwidert darauf scinc Schwester, ›siehst du denn nicht, daß wir in Männer sind!‹« (24 f.)

Die Anekdote illustriert, welche Effekte Signifikanten haben: Sie produzieren Vorstellungen, die unterschiedlicher, ja gegensätzlicher nicht sein könnten. Die Vorstellungen von Männern und Frauen sind eine Folge jener Schranke, die sich der Bedeutung widersetzt. Wichtigstes Element in der Anekdote sind die Gleise und der Hinweis darauf, dass Bruder und Schwester einander gegenübersitzen. Allein in dieser Differenz begründet sich ein Gegensatz, der sich bis in die Unterscheidung von »Männern« und »Frauen« fortsetzt: »Die Struktur des Signifikanten aber ist darin zu sehen, daß er artikuliert ist, was ja ganz allgemein von der Sprache gilt. Das besagt, daß seine Einheiten, von welchem Gesichtspunkt aus man deren reziproke Überlagerungen und zunehmende Erschließungen auch verzeichnen mag, einer doppelten Bedingung unterworfen sind: Sie sind zurückführbar auf letzte differenzielle Elemente, und diese wiederum setzen sich zusammen nach den Gesetzen einer geschlossenen Ordnung.« (26)

Signifikant kann nur sein, was sich unterscheidet, die Bedingung der Möglichkeit von Bedeutung ist die Differenz. Im Falle von Bruder und Schwester ist diese Differenz aber offenkundig allein durch die Position der Geschwister begründet, nicht durch ihr Geschlecht. Mit der »geschlossenen Ordnung« wiederum bezieht sich Lacan auf die Abfolge des Satzes, der sich linear wie die Bahn der Gleise fortsetzt: Signifikanten unterscheiden sich und lassen sich kombinieren. Die Anekdote veranschaulicht somit zum einen die horizontale Dimension der Signifikanten, die lineare Kette ihrer Zusammensetzung; zum anderen zeigt sie aber, dass die Einheiten dieser Kette auch eine vertikale Dimension öffnen: Der Signifikant zieht Bedeutungskontexte an.

Bei de Saussure war diese Unterscheidung der Horizontalen und Vertikalen die des Syntagmas und die des Paradigmas – das Syntagma als zeitliche Dimension der Kombination von sprachlichen Elementen, das Paradigma als gleichsam vertikale Dimension. Denn jedes Signifikat und jeder Signifikant gehört einem Paradigma ähnlicher Elemente an, die sich unwillkürlich assoziieren lassen. Es ist bezeichnend für Lacans Argumentationsstil, dass er diese vertikale Dimension auf buchstäblich witzige Weise illustriert, und dies ist der Hintersinn der Skizze, mit der er de Saussures Zeichnung kommentiert. Der Baum bei de Saussure, »arbre«, verbirgt sich auch im Anagramm jenes Balkens, »barre«, von dem Lacans Algorithmus handelt. Saussures Beispiel für die Bedeutung eines sprachlichen Zeichens wird in Lacans Lesart zum Synonym der Schranke, die sich der Bedeutung widersetzt. Was sich de Saussure als Bedeutung vorstellt, wird bei Lacan zum Prinzip dessen, was die Bedeutungen produziert, weil es sie fortwährend verhindert. Was de Saussure in seiner Vorstellung einer Bedeutung also nicht bedenkt, ist jener Mechanismus, der die Sprache und das Denken bestimmt. Genau darum aber stellt Lacan sein Konzept der Zeichenfunktion in mathematischer Schreibweise dar: um die Funktionsweisen sichtbar zu machen, die de Saussure mit seiner Schematisierung nicht aufzeigen kann. Die Paradoxie, auf die Lacan das linguistische Modell de Saussures zurückführt, ist in all ihrer Widersprüchlichkeit ein Grundprinzip der Sprache und des Denkens, das sich allein darum so schwer beschreiben lässt, weil es sich einer Beschreibung schlicht widersetzt.

In seinem eigenen Aufsatz zieht Lacan daraus eine methodische und stilistische Konsequenz: Mit der Formel des Algorithmus stellt er nicht dar, was Zeichen *sind*, sondern was sie *ermöglicht* und *verhindert*. Genau dieser Bewegung der Sprache folgt er aber auch mit seiner Schreibweise und seinen Sprachspielen. Lacans Argument ist auch darum mitunter nur schwer zu folgen, weil er mit seinem Text die Verselbständigung der Sprache imitiert, assoziativ Bilder an Bilder reiht und seinem eigenen Gedankenspiel freien Lauf lässt. Diese Textstrategie ist als Performanz zu verstehen, die vor Augen führt und hören lässt, wie das sprechende Subjekt die Kontrolle über den Algorithmus nicht nur verliert, sondern sie nie besessen hat. Die Struktur des Algorithmus, der fortgesetzte Widerstand der Schranke, hat aber nicht etwa zur Folge, dass die Sprache bedeutungslos wird. Im Gegenteil: Der Algorithmus produziert unentwegt Bedeutungen, nur nicht solche, die eine Intention oder den Gedanken eines Subjekts repräsentieren. Die so definierte Sprache sagt alles Mögliche, aber niemals das, was ein Subjekt zu sagen beabsichtigt hat. In diesem Sinne handelt es sich um eine Re-Lektüre de Saussures mit der Psychoanalyse Freuds: Dem Zeichenmodell ist ein Widerstand eingeschrieben, dessen Struktur und Wirkungsweise Freud unter anderem in seiner Analyse der Träume und der Traumarbeit beschrieben hat. Auch dass Lacan aus »arbre« »barre« werden lässt, ist eine Lektüre mit Freud. De Saussures »arbre« ist wie der Witz bei Freud verräterisch, weil er etwas Ausdruck gibt, was nur indirekt zur Sprache kommen kann.

Im zweiten Abschnitt seines Aufsatzes folgt Lacans Deutung der Traumarbeit auf der Grundlage seines Algorithmus. Wiederum betont Lacan, dass Freud selbst den »Königsweg zum Unbewußten« auf gleichsam linguistische Weise geöffnet habe: »Die erste Bestimmung gleich im Eingangskapitel [...] besagt, daß der Traum ein Rebus sei. Und Freud präzisiert, daß diese Bestimmung, wie ich zu Anfang gesagt habe, buchstäblich aufzufassen ist.« (35) Eine linguistische Sprache für diese Buchstäblichkeit kannte Freud aber freilich noch nicht, von Signifikanten ist bei ihm keine Rede. Lacans Lektüre von Freuds Traumarbeit dient demnach einer Engführung zweier Diskurse, die bislang nicht zusammengedacht worden waren. Die Traumdeutung war den Formalisierungen der Psychoanalyse voraus, wie Lacan schreibt (38), gleichermaßen gilt aber auch, dass Lacan im »Nachbuchstabieren« die Traumarbeit und Psychoanalyse Freuds allererst theoretisch begründet: »Es hilft nichts, man wird sich dazu entschließen müssen. Das Unbewußte ist nicht das Ursprüngliche oder das Instinktive, und an Elementarem enthält es nur die Elemente des Signifikanten.« (48) Was bei Freud Verdichtung heißt, wird bei Lacan als Algorithmus der Metaphernfunktion gelesen, die von Freud beschriebene Verschiebung als Metonymie.

Auch diese Zeichenfunktionen lassen sich mit de Saussures Baum-Schema erläutern: De Saussures »arbre« ist gewissermaßen ein Bild für die Metaphorik der Sprache schlechthin, ohne dass de Saussure deren Prinzip erkennen würde. Er hat mit seinem Beispiel für den sprachlichen Ausdruck ein Bild gefunden, das dieses Prinzip verdeckt, aber auch erkennbar macht, wenn man es mit Freud zu deuten weiß. Erst indem Lacan »arbre« durch »barre« ersetzt, wird deutlich, dass die Metonymie die entscheidende Trope und Funktion der Sprache ist. Lacans »barre« ist die Metonymie in de Saussures Metapher »arbre«, jenes Bild, mit dem de Saussure die Bildung von Bedeutung veranschaulicht. Signifikanten erzeugen erst durch ihre Verkettung, ihre Differenz und Nachbarschaft zu anderen Signifikanten Bedeutungen. Die Metapher ist demnach ein Effekt, der die Metonymie voraussetzt, insofern bei der Metapher ein Signifikant aus seiner Verkettung gelöst und unter den Trennstrich in den Bereich des Signifikats gedrängt wird, ohne dass dabei die Rolle des Signifikanten ganz aufgegeben wäre. Der Signifikant erzeugt eine Bedeutung, verhindert sie aber zugleich, weil die konkrete Beziehung zum Signifikat bei der Metapher niemals eindeutig ist; Metaphern sind ambivalent, weil sich der Signifikant einer Metapher niemals festlegen lässt, weil er einerseits die Funktion des Signifikats erfüllt, andererseits aber ein Signifikant bleibt. Die Metonymie führt vor, was Freud als Funktion der Zensur anhand der Verschiebung beschrieben hat. Wie Lacan mit seinem Kommentar hervorhebt, ist sie grundlegend für die Konstitution von Bedeutung: Metaphern kommen nur aufgrund einer Verschiebung zustande, sie sind ein Effekt der Zensur. »Arbre«

ist folglich eine Metapher für Metaphern, weil es die »barre« erkennen lässt, die aller Bedeutung vorausgeht und sie zugleich verhindert.

Mit seiner linguistischen Beschreibung Freuds leitet Lacan auch zu jenem Thema über, das der Untertitel seines Aufsatzes ankündigt und der dritte Teil seines Essays ausführlich behandelt, die »Vernunft seit Freud«. Descartes' *cogito ergo sum* (*Ich denke, also bin ich*) wird von Lacan als Grundsatz der Metaphysik mithilfe der von Freud entdeckten und von ihm selbst algorithmisierten Funktion der Sprache dekonstruiert. Wenn das Subjekt immer nur ein Bedeutungseffekt ist und niemals die Bedeutung stiften und sichern kann, dann entspricht der kartesische Grundsatz genau dem, was Freud als »sekundäre Bearbeitung« beschreibt: dem Versuch einer Deutung, der aber fehlgehen muss, weil seine Sprache denselben Gesetzen der Entstellung gehorcht, die Freud in der Traumarbeit entwickelt. Mit seinem Kommentar zu Descartes setzt Lacan die Metaphysikkritik fort, wie sie Nietzsche oder Heidegger vorgebracht haben, tut dies aber auf der Grundlage der von ihm eingangs entwickelten Theorie. Die Geschichte der Metaphysik, so könnte man sagen, wird einer Traumdeutung unterzogen. Oder mit Bezug auf Heidegger, den Lacan schließlich in den letzten Absätzen des dritten Teils erwähnt: Die Metaphysikkritik, die sich bei Heidegger als eine Hinwendung zur Sprache vollzieht, wird von Lacan aufgenommen und erweitert, indem er dieser Hinwendung zur Sprache eine Theorie gibt. Lacan, heißt das, vollzieht den *linguistic turn* de Saussures, die Revolution Freuds, die Kehre Heideggers noch einmal, indem er deren Möglichkeitsbedingungen theoretisch begründet.

Die Schriften Lacans werden gemeinhin als strukturale Psychoanalyse bezeichnet oder dem Poststrukturalismus zugerechnet. Zuordnungen dieser Art sind aber nicht nur in seinem Fall schwierig. Die zwei Traditionen des Strukturalismus, der 1926 gegründete Prager Linguistenkreis um Roman Jakobson und Nikolai Trubetzkoj sowie der nach 1945 dominierende französische Strukturalismus, beziehen sich beide auf die Linguistik de Saussures, um mit seinem Zeichenmodell und seiner Definition der *langue* eine systematische Beschreibung von Texten zu entwickeln. Der Poststrukturalismus hingegen beruht zwar, ganz wörtlich, auf dem Strukturalismus, setzt sich aber zugleich von der Ausrichtung an der Linguistik ab. Das Präfix »post« lässt sich nicht unbedingt zeitlich verstehen, denn der Poststrukturalismus entwickelt sich bereits während der Hochphase des Strukturalismus. 1966 erscheinen Michel Foucaults *Ordnung der Dinge*, die Schriften Lacans und die Einführung in den Strukturalismus von Gilles Deleuze, ein Jahr darauf die *Grammatologie* von Jacques Derrida. Um »poststrukturalistische« Theorien handelt es sich bei diesen Schriften insofern, als sie die linguistischen Grundlagen de Saussures nicht mehr nur als Modell verstehen, sondern ihrerseits zum Thema machen. Poststrukturalisten sind Leser der Strukturalisten, und das »post« ist eine Markierung von Nachträglichkeit in diesem Sinne: eine Reflexion der Voraussetzungen des Strukturalismus, wie sie in Lacans Lektüre von de Saussure zu beobachten ist. Lacan bezieht sich bei der Beschreibung des Unbewussten auf de Saussure, zugleich aber ist er dessen kritischer Leser. Lacans Anspruch ist, mit seiner linguistischen Beschreibung der Traumarbeit die Möglichkeitsbedingung der Theorie de Saussures zu klären.

Roland Barthes

Als Leser der Strukturalisten korrigieren und dynamisieren Poststrukturalisten die starre Ausrichtung am grammatikalischen System. Als Leser der Strukturalisten bleiben aber auch Poststrukturalisten auf das Vokabular und die Denkfiguren bezogen, die von de Saussure etabliert wurden. Wie die verschiedenen Hermeneutiken ist auch diese Theoriegeschichte von Leitmotiven geprägt, von Metaphern und einem Argumentationsstil, der wiederholt und variiert wird.

Die Schriften von Roland Barthes (1915–1980) eignen sich in besonderer Weise, diese Entwicklung nachzuzeichnen, denn Barthes ist Strukturalist, ebenso aber Poststrukturalist. Seine intellektuelle Biografie wird zumeist anhand eines Wendepunkts beschrieben: Man unterscheidet einen frühen Barthes von seinen späten Schriften, wobei sich insbesondere das Spätwerk kaum auf einen Begriff bringen lässt. (Kolesch 1997) Barthes war selbst sein kritischster Leser, stets darauf bedacht, seine eigenen Entwürfe zu korrigieren, was die Einordnung seiner Schriften freilich nicht erleichtert. Eine von Barthes' frühen Publikationen lässt dieses Verfahren bereits in ihrem Aufbau erkennen. *Die Mythen des Alltags* von 1957 sind eine Sammlung knapper essayistischer Kommentare zur französischen Alltagskultur. Im zweiten Teil des Buchs folgen Theorie und Reflexion der im ersten Abschnitt gesammelten Essays als ein Lektüremodell, das Barthes u.a. mit der Traumdeutung Freuds vergleicht.

Der Mythos, so Barthes, sei ein »Mitteilungssystem, eine Botschaft«, »kein Objekt, kein Begriff oder eine Idee«: »er ist eine Weise des Bedeutens, eine Form« (Barthes 1957/1996, 85) und bedürfe folglich einer allgemeinen Zeichentheorie, der »Semiologie« als Wissenschaft. Barthes untersucht den Mythos nicht ideengeschichtlich mit Blick auf seinen »Inhalt«, sondern allein nach formalen Gesichtspunkten. Auch Barthes' Mythologie orientiert sich am Signifikanten, mit der Maßgabe allerdings, dass seine Semiologie eine Zeichenlehre ist, die sich nicht auf das linguistische Modell sprachlicher Zeichen beschränkt. Mythen, heißt das, werden nicht nur von Texten produziert: »Der geschriebene Diskurs, der Sport, aber auch die Photographie, der Film, die Reportage, Schauspiele und Reklame, all das kann Träger der mythischen Aussage sein. Der Mythos kann nicht durch sein Objekt und nicht durch seine Materie definiert werden, denn jede beliebige Materie kann willkürlich mit Bedeutung ausgestattet werden.« (86f.)

Die Semiologie verhält sich demnach zur Linguistik wie eine übergeordnete Disziplin, die als Zeichenmaterial auch nichtsprachliche Elemente in den Blick nimmt, dabei aber grundsätzlich vom selben Modell ausgeht. Diese allgemeine Semiotik, die de Saussure bereits in seinen Vorlesungen als ein zukünftiges Projekt in Aussicht stellt, wird in Barthes' Mythentheorie konkretisiert.

In seiner Beschreibung des Aussagesystems »Mythos« setzt Barthes dieselben Begriffe ein wie de Saussure: Bedeutendes, Bedeutetes und Bedeutung. Struktur und Zusammenspiel der drei sind mit de Saussures Sprachmodell kongruent. Die Bedeutung ist das, was man als Zeichen auffasst und was man seiner Struktur nach als Korrelation von Bedeutendem und Bedeutetem analysieren kann. (90) Ebenso wie de Saussures Linguistik ist Barthes' Theorie eine systematische und synchrone Erschließung des mythischen Aussagesystems, die von einer diachronen Geschichte der Mythen zunächst absieht. Der Mythos, so Barthes, beruht aber im Unterschied zur bei de Saussure beschriebenen *langue* auf komplexen Zeichen und einem »sekundären semiologischen System«, weil das Bedeutende im Mythos seinerseits bereits ein Zeichen, also eine Bedeutung ist. Der Mythos ist eine zweite Sprache: Mythen benutzen nicht einfache Signifikanten für ihre Aussagen, sondern bereits bedeutungsvolle Zeichen. (93) Eine Folge dieser »Verschiebung« ist die Doppeldeutigkeit des Bedeutenden, denn es ist zugleich Sinn und Form, »einerseits erfüllt, andererseits leer« (96). Das Bedeutende des

Mythos ist zwar schon ein Zeichen, dessen eigentlicher Sinn bleibt aber verborgen, weil es im mythischen Aussagesystem zur Grundlage einer neuen Bedeutung wird. Die *Denotation* der im Mythos gebrauchten Zeichen wird verschleiert, um eine mythische *Konnotation* umso effektvoller zum Ausdruck zu bringen. Der Mythos bei Barthes ist vergleichbar mit Lacans Beschreibung der Metapher als einer Verschiebung des Signifikanten auf die Ebene des Signifikats. Der Signifikant rückt an die Stelle des Signifikats, behält aber seine Funktion als Signifikant weiterhin bei, so das Modell bei Barthes ebenso wie bei Lacan.

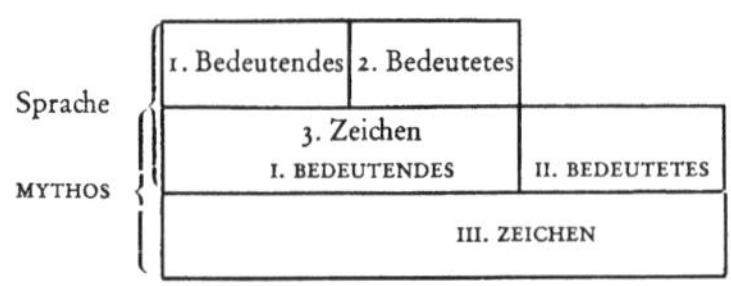

Abb. 8: Aussagesystem des Mythos (Barthes 1957/1996, 93)

Die Pointe von Barthes' Beschreibungsmodell ist denkbar einfach: Ist der Mythos ein sekundäres Aussagesystem, das mit Zeichen neue Bedeutungen produziert, dann kann jedes Zeichen zum Mythos werden. Umso dringlicher ist folglich eine semiotische Kritik, weil Mythen diese Konstruktion ihrer Aussagen zu verbergen wissen. Die vom Mythos in Umlauf gesetzten Konnotationen erscheinen ganz natürlich, als würde es sich um einfache Bedeutungen handeln, die nicht weiter zu hinterfragen sind. Um eines von Barthes' Beispielen zu nennen:

»Ich sitze beim Friseur und man reicht mir eine Nummer von *Paris-Match*. Auf dem Titelbild erweist ein junger Neger in französischer Uniform den militärischen Gruß, den Blick erhoben und auf eine Falte der Trikolore gerichtet. Das ist der *Sinn* des Bildes. Aber ob naiv oder nicht, ich erkenne sehr wohl, was es mir bedeuten soll: daß Frankreich ein großes Imperium ist, daß alle seine Söhne, ohne Unterschied der Hautfarbe, treu unter seiner Fahne dienen und daß es kein besseres Argument gegen die Widersacher eines angeblichen Kolonialismus gibt als den Eifer dieses jungen Negers, seinen angeblichen Unterdrückern zu dienen.« (95)

Die Bedeutung des Mythos hat eine bestimmte Funktion und Tendenz. Der Mythos beraubt den »Neger« seiner »wahren« Geschichte, um ihn in eine Geste zu verwandeln. Wie in der Verdichtung eines Traums jedes manifeste Bild viele Bedeutungen haben kann, verhält es sich auch beim Mythos: Die tendenziöse Geste des mythischen Bildes ließe sich ersetzen und in vielen anderen Formen wiederholen, »ich kann tausend Bilder finden, die mir die französische Imperialität bedeuten« (100). Ähnlich wie der latente Sinn eines Traums sind mythische Begriffe auf vielfältige Weise darstellbar; die mythische Erzählung ist wie der verkürzte, manifeste Text eines Traums, die morgendlich erinnerbare Bildfolge, die der Analyse bedarf, um ihren Sinn zu erschließen. (103)

Barthes' Anspielungen auf die Psychoanalyse sind zwar knapp gehalten, aber dennoch aufschlussreich für seine Beschreibung der Mythologie. Nicht nur scheint der Mythos wie ein kollektiver Traum lesbar zu sein, es bedarf einer bestimmten Lektüreform, um ihn entziffern und damit entschärfen zu können. Seine Mythologie zielt letztlich auf die Entwicklung eines Verfahrens, mit dem die Mythen in ihrer semiologischen Form und tendenziösen Absicht durchschaubar werden. Barthes unterscheidet drei Formen der Mythenrezeption: Entweder man übersieht seine Doppeldeutigkeit, nimmt seine Form unkritisch als Symbol wahr und ignoriert seine Konstruiertheit (wie die alten Traumtheorien, die den Traum symbolisch dechiffrieren). Oder aber man richtet den Blick auf den Mythos als ein semiologisches System (wie Freuds Theorie der Traumarbeit), man nimmt die

Doppeldeutigkeit wahr, um den »Betrug« aufzudecken und seine Bedeutung zu zerstören: »Diese Art der Einstellung ist die des Mythologen. Er entziffert den Mythos, er versteht ihn als eine Deformation.« (111) Als dritte Lesart schließlich beschreibt Barthes eine Lektüre, die sich dem Mythos ganz bewusst ausliefert, in seiner Form weder eine semiologische Struktur noch ein Symbol erkennt, sondern den Mythos als »wahre Geschichte« aufnimmt: »alles vollzieht sich, als ob das Bild auf *natürliche* Weise den Begriff hervorriefe, als ob das Bedeutende das Bedeutete *stiftete*. Der Mythos existiert genau von dem Augenblick an, da die französische Imperialität in den Zustand der Natur übergeht: der Mythos ist eine *exzessiv* gerechtfertigte Aussage.« (113) Dem Leser des Mythos sind dessen Intentionen nicht verborgen, im Gegenteil lässt er sich von ihnen derart überzeugen, dass er den Mythos als naturgegebenes Faktum hinnimmt (was bei Freud der sekundären Bearbeitung entspricht, der Traumtext ist strukturell nicht zu unterscheiden von seinem Kommentar).

Ganz offensichtlich verknüpft Barthes sein eigenes Projekt mit der semiotischen Mythenkritik. Aber auch die letztgenannte Haltung des Lesers gegenüber dem Mythos spielt bei Barthes eine besondere Rolle, zumal er im ersten Teil seines Buchs ja selbst als Leser mythischer Texte auftritt. In den *Mythen des Alltags* schreibt Barthes lediglich summarisch über die Funktion des Lesens und ihre Geschichte, scheinbar beiläufig erwähnt er, dass neben der Semiotik auch die Literatur eine Form des Widerstands gegen den Mythos herausgebildet habe. Die Literatur des neunzehnten Jahrhunderts noch bediene sich freiwillig des mythischen Aussagesystems (119) und produziere folglich Leser, die in literarischen Texten eine »wahre Geschichte« finden wollen. Mit Stéphane Mallarmé jedoch ändere sich die Schreibweise; wie die Semiotik beginne sich auch die Literatur auf Zeichen zu beziehen, um deren Funktionsweise auszustellen.

Ausführlich entwickelt Barthes diesen Gedanken bereits in der 1953 erscheinenden Schrift *Am Nullpunkt der Literatur*, ein Buch, das einem einfachen Schema folgt. Nimmt man den Titel wörtlich, dann ist der »Nullpunkt« die Schnittstelle zweier Achsen, einer Horizontalen und einer Vertikalen. Die vertikale Achse bezeichnet Barthes als »Stil«, womit die individuelle Ausdrucksweise gemeint ist. Die horizontale Achse steht für die Ordnung der »Sprache«, der sich jeder Schriftsteller fügen muss. Als »Schreibweise« bezeichnet Barthes Strategien und Verfahren der Literatur, zwischen beiden Achsen zu vermitteln. Seine These ist, dass sich in der Literaturgeschichte dominante Schreibweisen herausbilden, die sich ebenso vereinfachend darstellen lassen wie das zweidimensionale Schema. Im achtzehnten Jahrhundert war die Ausrichtung dieser Schreibweisen eher an einer horizontalen Achse orientiert, das neunzehnte Jahrhundert ist das Zeitalter einer vertikalen Schreibweise, bevor die Literatur im zwanzigsten Jahrhundert dem Nullpunkt zustrebt.

So irritierend diese schematische Vereinfachung zunächst sein mag, vor dem Hintergrund des Zeichenmodells von de Saussure lässt sich präzisieren, was genau mit einer horizontalen und einer vertikalen Schreibweise gemeint ist. Anhand einer vertikalen Dimension beschreibt de Saussure das »Paradigma«, die Gruppe semantisch oder lautlich ähnlicher Wörter. Die Vertikale ist grundlegend für seine Beschreibung der Bedeutung, insofern er die Verbindung zwischen Signifikant und Signifikat räumlich, als senkrechten Pfeil darstellt. Horizontal hingegen ist die Differenz der Zeichen gegenüber anderen Zeichen, die Voraussetzung für die Herausbildung einer bestimmten Bedeutung, von de Saussure auch als »syntagmatische« Relation beschrieben. Vertikal ist die Metapher, horizontal die Metonymie. Dass sich Freud in seiner Beschreibung der Verdichtung und Verschiebung ebenfalls an diesen beiden Dimensionen zu orientieren scheint, ermöglicht es Roman Jakobson – und nach ihm Lacan –, die Verdichtung mit der Metapher zu assoziieren, die Verschiebung mit der Metonymie. Barthes' These die Geschichte der Schreibweisen betreffend richtet sich nach derselben Unterscheidung. Demnach ist die Literatur des achtzehnten Jahrhunderts eher metonymisch, an einer horizontalen Organisation der Sprache ausgerichtet; im neunzehnten Jahrhundert, dem Zeitalter des realistischen und psychologischen Romans hingegen dominiert der metaphorische Ausdruck; im zwanzigsten Jahrhundert schließlich beginnt die Literatur diese Schreibweisen zu verweigern, um sich immer mehr einem »Nullpunkt« anzunähern, einer Sprache, die weder metonymisch noch metaphorisch ist, sondern sich der Denotation als Zeichenform annähert.

Barthes' Schematisierung der Schreibweisen entfaltet das zweidimensionale Koordinatensystem entlang der Achsen, die von de Saussures Zeichenmodell vorgegeben sind, einer horizontalen und einer vertikalen Dimension. Das Koordinatensystem ist eine Abstraktion, oder anders gesagt: Barthes zeichnet den Raum auf, an dem sich die Beschreibung de Saussures orientiert. Eine umfassende Geschichte des Strukturalismus hätte auch die Geschichte dieser Darstellungsstrategien und topologischen Modelle zu rekonstruieren, zumal Barthes seine Beschreibung der Schreibweisen an einem Schema ausrichtet, das selbst überholt sein kann. Dies zumindest ist seine These über die Literatur des zwanzigsten Jahrhunderts: Sie strebt dem Nullpunkt zu und versucht, der Schreibweise zu entkommen, »neutral« zu werden, damit aber auch nicht-ideologisch. Barthes' Utopie ist, dass sich diese Form der Schreibweise als Vorwegnahme einer humaneren Gesellschaft verstehen lässt, als Utopie aber bezieht sie sich im wörtlichen Sinne auf einen Nicht-Ort, oder anders: Sie entwickelt eine Form, die sich im Schema von Barthes gar nicht mehr denken lässt. Die Literatur des Nullpunkts bricht gewissermaßen mit der Logik der Schreibweisen, die sich in der Geschichte der Literatur herausgebildet haben.

Diese Bemerkungen scheinen zwar von der Frage abzulenken, was Mythen und Literatur bei Barthes gemeinsam haben, berühren aber doch eine der methodischen Herausforderungen seiner Mythenkritik. Die Struktur des Mythos ist mit jener der Literatur verwandt, ebenso aber mit jedem anderen sekundären Aussagesystem. Die Kritik an diesem semiotischen Modell berührt folglich immer auch eine Darstellungsgrenze, denn wie sollte auszuschließen sein, dass der Kritiker in dieselbe Redeweise verfällt wie der Mythos, von dem er sich abzusetzen versucht? Um diesen Gedanken schrittweise zu entwickeln, noch einmal ein ausführliches Zitat aus den *Mythen des Alltags*, in denen Barthes die Geschichte der Mythen mit der Geschichte der Literatur zusammenführt:

»Ich habe dieses Problem in *Le Degré Zéro de l'Écriture* behandelt, das alles in allem nichts anderes darstellt als eine Mythologie der literarischen Ausdrucksweise. Ich habe dort die Schreibweise als das Bedeutende des literarischen Mythos definiert, das heißt: als eine bereits sinnerfüllte Form, die durch den Begriff Literatur eine neue Bedeutung erhält. Ich hatte dargelegt, daß die Geschichte ungefähr vor hundert Jahren, indem sie das Bewußtsein des Schriftstellers veränderte, eine moralische Krise der literarischen Sprache hervorgerufen hat. Die Schreibweise hat sich als Bedeutendes enthüllt, die Literatur als Bedeutung: die falsche Natur der traditionellen literarischen Sprache verwerfend, hat sich der Schriftsteller mit Heftigkeit einer antinatürlichen Sprache zugewandt. Die Subversion der Schreibweise war der radikale Akt, durch den einige Schriftsteller versucht haben, die Literatur als mythisches System zu leugnen. Jede dieser Revolten war ein Mord an der Literatur als Bedeutung. Alle haben die Reduktion des literarischen Diskurses auf ein einfaches semiologisches System gefordert oder sogar, im Falle der Poesie, auf ein vor-semiologisches System.« (Barthes 1957/1996, 120)

Barthes' Geschichte der Mythen ist auch eine Geschichte der Literatur, insofern beiden Aussageformen dieselbe semiotische Struktur zugrunde liegt. Die Schreibweise ist eine Zeichenpraxis, die sich auf andere Zeichen bezieht; Literatur ist ein sekundärer Text, der vor allem von der Sprache handelt, dies aber wie die Mythen zu verschleiern weiß. Folglich produziert auch die Literatur den zuvor beschriebenen Leser, der im Mythos die »wahre Geschichte« erkennen will und die semiotische Praxis des Textes ignoriert. Flauberts *Bouvard und Pécuchet* ist für Barthes das frühe Beispiel einer Literatur, die sich erstmals gegen die mythische Struktur aufzulehnen beginnt, künstliche Mythen reproduziert, um ihnen auf diese Weise die Möglichkeit zu nehmen, als bedeutungsvolles Zeichensystem zu funktionieren. Auch hier geht es um eine Darstellungsform und ihre Grenze: Wie kann die Literatur sich einer sprachlichen Form entziehen, die eigentlich grundlegend ist für das Verständnis dessen, was Literatur überhaupt bedeutet? »Der Mythos kann in letzter Instanz immer auch den Widerstand bedeuten, den man ihm entgegensetzt. Die beste Waffe gegen den Mythos ist in Wirklichkeit vielleicht, ihn selbst zu mystifizieren, das heißt einen *künstlichen* Mythos zu schaffen. Dieser konstruierte Mythos würde eine wahre Mythologie sein. Da der Mythos die Sprache entwendet, warum nicht den Mythos entwenden? Dazu genügt es, ihn selbst zum Ausgangspunkt einer dritten semiologischen Kette zu machen, seine Bedeutung als ersten Terminus eines zweiten Mythos zu setzen.« (121)

Flauberts Waffe gegen den Mythos ist die Übertreibung, der hybride Mythos, der sich selbst als Mythos ausstellt und dem Leser nicht mehr als natürliche Form erscheinen kann. Radikaler noch ist die Literatur des zwanzigsten Jahrhunderts. Sie verhindert die Suche nach einer »wahren Geschichte«, weil sie diese Geschichten gar nicht erst anbietet, weil sie die Metaphern nicht zulässt, an denen man Literatur erkennen zu können glaubt. Eine Schreibweise, die dem Nullpunkt zustrebt, verweigert die Produktion von Zeichen zweiter Ordnung. Im Unterschied zum Roman des neunzehnten Jahrhunderts macht die Poesie Mallarmés beispielsweise explizit, dass sie von anderen Zeichen spricht. Mit Mallarmé wird die Literatur semiotisch, der Leser zum Semiologen. In Barthes' *Mythen des Alltags* ist die Literatur folglich nicht nur Gegenstand einer Mythenkritik, sie ist zur gleichen Zeit auch das Modell, das diese Kritik möglich macht. Die Semiologie Barthes' bezieht ihr kritisches Potenzial zum einen aus der strukturalen Linguistik de Saussures, zum anderen aber aus der Geschichte der Literatur, die ihrerseits semiologisch geworden ist. Verständlich wird damit auch, warum es so naheliegend ist, dass Barthes sein Buch über die Mythen in zwei Teile gliedert, die essayistischen Kommentare im ersten Abschnitt, die theoretische Reflexion im zweiten.

Barthes orientiert sich an zwei unterschiedlichen Praktiken, der semiotischen Kritik und der Literatur als Schreibweise. In seinen Schriften zum Strukturalismus entwickelt er ein methodisches Verfahren, das sich vor allem an der Semiotik bzw. Linguistik de Saussures orientiert: »Was ist der Strukturalismus? Er ist keine Schule, nicht einmal eine Bewegung (zumindest noch nicht), denn die Mehrzahl der Autoren, die gemeinhin mit diesem Wort in Zusammenhang gebracht werden, fühlt sich keineswegs durch eine Solidarität der Doktrin oder des Kampfes verbunden.« (Barthes 1966, 191) In seinem knappen Essay über *Die strukturalistische Tätigkeit* beschreibt Barthes eine »Anzahl geistiger Operationen«, »reflexiv oder poetisch«, deren Ziel es sei, »ein ›Objekt‹ derart zu rekonstruieren, daß in dieser Rekonstruktion zutage tritt, nach welchen Regeln es funktioniert (welches seine ›Funktionen‹ sind). Die Struktur ist in Wahrheit also nur ein *simulacrum* des Objekts, aber ein gezieltes, ›interessiertes‹ Simulacrum, da das imitierte Objekt etwas zum Vorschein bringt, das im natürlichen Objekt unsichtbar oder, wenn man lieber will, unverständlich blieb.« (191) Das Entscheidende der strukturalistischen Tätigkeit sei es, dass sich beim Zerlegen und Zusammensetzen des Objekts »*etwas Neues*« bilde, »und dieses Neue ist nichts Geringeres als das allgemein Intelligible: das Simulacrum, das ist der dem Objekt zugefügte Intellekt, und dieser Zusatz hat insofern einen anthropologischen Wert, als er der Mensch selbst ist, seine Geschichte, seine Situation, seine Freiheit und sein Widerstand, den die Natur seinem Geist entgegensetzt« (191f.).

Im Gegensatz zur hermeneutischen Einfühlung sucht der Strukturalist das Geistige nicht hinter dem Text oder zwischen den Zeilen, sondern in den Strukturen. Ein weiterer Unterschied zur hermeneutischen Interpretation ist, dass die strukturale Tätigkeit konkreten methodischen Anweisungen folgt. Das Zerlegen des Objekts zielt zunächst darauf ab, Ähnlichkeiten zwischen unterschiedlichen Elementen zu finden, die einzelnen Fragmente nach Paradigmen zu sortieren. Sind diese Gruppen gefunden, geht es um das Arrangement und die erneute Zusammensetzung dieser Einheiten. Die regelmäßige Wiederkehr von ähnlichen Elementen macht sichtbar, wie das Werk konstruiert ist. Der Strukturalist fragt, mit welchen Funktionen Bedeutung hergestellt wird: »*Homo significans*: das wäre der neue Mensch der strukturalen Forschung.« (Barthes 1966, 195)

Den Strukturalisten, so Barthes, erkennt man an einer bestimmten »Einstellung« und am Gebrauch eines spezifischen Vokabulars: Strukturalist ist, wer von Signifikat und Signifikant, von Diachronie und Synchronie spricht oder mit Synonymen operiert, in denen die von de Saussure beschriebenen Differenzen gleichermaßen zum Ausdruck kommen. Wie bereits angedeutet, ist das Argumentationsmuster Barthes' aber nicht nur an seinem Vokabular zu erkennen, sondern auch an seiner Ausrichtung und Orientierung der Lektüre: Der Strukturalismus (und nach ihm der Poststrukturalismus) beschreibt sein Objekt oftmals entlang zweier Achsen, der Horizontalen und der Vertikalen. In *Am Nullpunkt der Literatur* zeigt sich dies am deutlichsten, wenn Barthes seine Argumentation innerhalb eines zweidimensionalen Koordinatensystems entfaltet, aber auch in den *Mythen des Alltags* veranschaulicht er das Modell des Mythos als sekundäres Aussagesystem mithilfe einer Metaphorik des Vertikalen.

Nicht anders verfährt er in seiner *Einführung in die strukturale Analyse von Erzählungen* von 1966, einem der grundlegenden Texte des Strukturalismus. Hier skizziert Barthes ein Erzählmodell mit verschiedenen horizontalen Ebenen. Aufgabe der Strukturanalyse sei es zum einen, die einzelnen Elemente der Erzählung als horizontale Einheiten zu unterscheiden, zum anderen aber die vertikalen Verstrebungen dieser Erzählebenen aufzuzeigen. Auch seiner Beschreibung der Erzählung liegt de Saussures Zeichenmodell zugrunde. Auf den ersten Blick mag dies ein sehr schematisches und statisches Textbild erzeugen, tatsächlich aber ist die Orientierung am Modellhaften nicht nur eine Strategie der Veranschaulichung, denn gerade hier zeigt sich, was mit der »Einstellung« des Strukturalisten gemeint ist. Die literarische Analyse des Strukturalisten folgt nicht einem hermeneutischen Zirkel, sie schließt nicht vom Einzelnen aufs Ganze und umgekehrt, sondern richtet sich nach dem Vorbild einer experimentellen Wissenschaft. Folgt man beispielsweise den Vorlesungen de Saussures, dann scheint seine Linguistik nicht mehr die Fülle der Sprachen und ihre Geschichte zu untersuchen, zur Sprachwissenschaft wird sie allein darum, weil sie deduktiv argumentiert und ein Modell entwirft, das die allgemeinen Strukturen innerhalb der Sprachen hypothetisch postuliert. Das Allgemeine ist also nicht das Ergebnis eines induktiven Verfahrens, das die

Regel aus der Beobachtung zahlreicher Einzelfälle erschließt. Die strukturalistische Einstellung ist nicht nur am Gebrauch eines bestimmten Vokabulars zu erkennen, sondern auch und vor allem an den Regeln, denen die Beschreibung des Regelhaften selbst folgt – der Strukturalismus ist als Theorie im Methodischen verankert, im Unterschied zu den meisten Hermeneutiken gibt er konkrete Analyseschritte vor, was nicht zuletzt ein Grund dafür ist, warum so zahlreiche literaturwissenschaftliche Einführungen in die Erzählanalyse sich am Strukturalismus orientiert haben. (Titzmann 1977; Genette 1998)

Die Orientierung an einem allgemeinen Modell ist auch Voraussetzung dafür, dass der Strukturalismus verschiedene Zeichenformen analysieren kann. Barthes' *Einführung in die strukturale Analyse von Erzählungen* bezieht sich nicht ausschließlich auf literarische Beispiele, ganz im Gegenteil. Um die Universalität seines Modells zu illustrieren, diskutiert er vornehmlich Szenen aus einem James-Bond-Film. Die Erzählung, so formuliert er zu Beginn seines Essays, finde sich auch in »der Glasmalerei, dem Film, den Comics, im Lokalteil der Zeitungen und im Gespräch« wieder. (Barthes 1966/1988, 102) Die Erzählung ist universell und bedarf gerade darum einer Methode, die deduktiv vorgeht. Umgekehrt heißt das aber: Weil der Strukturalist deduktiv argumentiert, entdeckt er vornehmlich die universellen Eigenschaften in seinen Objekten:

»Entweder ist die Erzählung ein bloßes Gefasel von Ereignissen und das Sprechen über sie nur möglich, indem man auf die Kunst, das Talent oder das Genie des Erzählers (des Autors) zurückgreift – lauter mythische Zufallsformen; oder aber sie teilt mit den anderen Erzählungen eine gemeinsame Struktur, die einer Analyse zugänglich ist, mag deren Erstellung auch noch so langwierig sein; denn zwischen der komplexesten Aleatorik und der einfachsten Kombinatorik liegt ein Abgrund, und niemand kann eine

Erzählung kombinieren (produzieren), ohne sich auf ein implizites System von Einheiten und Regeln zu beziehen.« (103)

Wie in seinem Essay über die strukturalistische Tätigkeit schlägt Barthes auch in seiner Einführung in die Erzählanalyse ein Verfahren vor, das zunächst kleinste Einheiten und Elemente sondiert, die Handlung gewissermaßen ihrer Chronologie beraubt. Um die kleinsten Einheiten und Funktionen eines Textes zu identifizieren, sei es hilfreich, all das zu ignorieren, was den Leser gemeinhin leitet. Zur Erzähleinheit wird ein Textelement, wenn es innerhalb der Geschichte eine Funktion erfüllt und mit einem anderen Element in Beziehung steht. Die Ankunft des Protagonisten an einem Ort impliziert dessen Abreise, der Kauf eines Revolvers seinen Einsatz als Waffe. Diese »distributiven Funktionen« verteilen sich auf einer horizontalen Ebene, die Barthes von der vertikalen Ordnung sogenannter »integrativer Elemente« unterscheidet: »Hinweise auf den Charakter der Protagonisten, Informationen über ihre Identität, Anmerkungen zur ›Atmosphäre‹ etc.« (111) Die Bedeutung einer Erzählung lässt sich erst dann erfassen, wenn man die Vorlage in ihrer chronologischen Ordnung zerlegt und nach diesem Modell neu organisiert. Ziel der Analyse ist es, ein narratives Gewebe zu erstellen, in dem die zeitliche Ordnung und damit die naturgemäße Orientierung des Lesers nicht mehr richtungsweisend sind. Die Beschreibung eines charaktervollen Helden soll nicht zur Identifikation verführen, die Erzählung wird von keinem Subjekt getragen, sondern von Textfunktionen.

Wie vermag der Strukturalist dann aber die Literarizität eines Textes zu beschreiben? Was ist die Differenz zwischen James Bond, der Glasmalerei, einem Comic und dem literarischen Text? Die Erzählung hilft in der Tat nicht dabei, ein Differenzkriterium für die Bestimmung von Genres zu entwickeln. Positiv formuliert heißt das aber auch: Die Analyse von Erzählungen eignet sich besonders für das interdisziplinäre Studium unterschiedlicher kultureller Symbolisierungspraktiken. Die »Kunst« des Erzählens besteht aus Sicht des Strukturalisten nicht in der einfallsreichen Imagination oder Fantasie eines Textes. »Kreativität« (135) zeigt sich einzig in der Art und Weise, wie ein Text die notwendigen distributiven und integrativen Elemente verteilt. Erzählen heißt, sich dieser Elemente bedienen, kreatives Erzählen zeichnet sich dadurch aus, dass es dieses Verfahren variieren kann.

In *Am Nullpunkt der Literatur* und den *Mythen des Alltags* jedoch hat Barthes bereits angedeutet, inwiefern sich die literarische Sprache darüber hinaus als eine spezifische Zeichenpraxis beschreiben lässt. Die Literatur, ob als Erzählung organisiert oder nicht, hat eine eigene semiotische Struktur. Sie ist ein sekundäres Aussagesystem, bezieht sich auf bereits bedeutungsvolle Zeichen und wird somit zu einer eigenen Form der semiotischen Kritik. In *Kritik und Wahrheit* von 1966 beispielsweise heißt es: »die doppelte Funktion der Schreibweise, die poetische und kritische, wird ausgetauscht und verschmilzt in eine.« (Barthes 1966/1997, 57) Poetische und kritische Schreibweise verschmelzen, das Genre ›Theorie‹ scheint demnach in der Literatur aufzugehen und zu verschwinden, oder umgekehrt: Die Literatur wird zur Theorie.

Während das Augenmerk bei der strukturalen Erzählanalyse einzig auf der textimmanenten Organisation der Erzählfunktionen liegt, definiert Barthes literarische Texte als Formen einer »pluralen Sprache« (65). Die Kritik widmet sich der Polyvalenz eines Textes, der Mehrdeutigkeit von Zeichen, die sie wiederum auf der Grundlage einer semiotischen Struktur beschreibt. Würde die Kritik die Bedeutung eines Textes vereinfachen, wäre sie nicht zu unterscheiden vom Mythos und jenem Leser, der nach einer »wahren Geschichte« sucht. Genau dies aber, so Barthes in

Kritik und Wahrheit, ist die Haltung der meisten Literaturwissenschaftler, zumal wenn sie ihre Interpretation mithilfe des Autors begründen. Die Bezugnahme auf den Autor als ein intentionales Subjekt hinter dem Text verschleiert die Mehrdeutigkeit der literarischen Zeichen und reproduziert folglich ein mythisches Aussagemodell. An anderer Stelle verkündet Barthes polemisch den »Tod des Autors«, um dem Leser die Mehrdeutigkeit literarischer Texte gewissermaßen aufzuzwingen. (Barthes 1968/2000) Von der herkömmlichen Wissenschaft unterscheidet sich die »Kritik« bei Barthes, insofern sie eine Form findet, in der die Mehrdeutigkeit literarischer Texte nicht in einem sekundären Kommentar wieder zurückgenommen wird: »Die Kritik ist nicht die Wissenschaft; diese behandelt die Bedeutungen, jene bringt welche hervor. [...] Die Beziehung der Kritik zum Werk ist die einer Bedeutung zu einer Form. Der Kritiker kann nicht den Anspruch erheben, das Werk zu ›übersetzen‹, insbesondere nicht in größere Klarheit, denn nichts ist klarer als das Werk. Was er tun kann, ist eine bestimmte Bedeutung ›zeugen‹, indem er sie von einer Form, die das Werk ist, ableitet.« (Barthes 1966/1997, 75)

Eine wissenschaftliche Einstellung behandelt den Text und seine Sprache als Objekt; die Kritik hingegen liest den Text als Subjekt und macht sich zu dessen Prädikat, sie lässt sich vom Text verleiten, Bedeutungen zu erzeugen. Der Kritiker, so Barthes, verdoppelt die Bedeutung durch eine »systematisierte Subjektivität, die selbst aus Symbolen des Werkes hervorgegangen ist« (81). Vom Leser mythischer Texte unterscheidet sich der Kritiker, weil er die Resonanz der Vieldeutigkeit literarischer Texte zur Sprache bringt. Der »Tod des Autors« ist für Barthes auch die »Geburt« eines anderen Lesers (Barthes 1968/2000, 193): »Heute wissen wir, daß ein Text nicht aus einer Reihe von Wörtern besteht, die einen einzigen, irgendwie theologischen Sinn enthüllt (welcher die ›Botschaft‹ des Autor-Gottes wäre), sondern aus einem vieldimensionalen Raum, in dem sich verschiedene Schreibweisen, von denen keine einzige originell ist, vereinigen und bekämpfen. Der Text ist ein Gewebe von Zitaten aus unzähligen Stätten der Kultur.« (190)

Es ist bemerkenswert, dass zur gleichen Zeit, da die hermeneutischen Theorien die Rolle des Lesers bei der Interpretation entdecken, der Leser auch bei Barthes emphatisch gefeiert wird. Wie wir im ersten Kapitel gesehen haben, ist die Erweiterung des hermeneutischen Zirkels über die Textgrenzen hinaus auch eine methodische Herausforderung, die entweder bewusst ausgeklammert wird (Gadamer) oder aber dazu führt, dass die Hermeneutik zusätzliche Kompetenzen erwerben muss, eine Soziologie des Lesers beispielsweise (Hans Robert Jauß). Barthes' *Einführung in die strukturale Erzählanalyse* gibt eine sehr genaue textimmanente Methode vor, welcher Strategie aber folgt der von ihm beschriebene Leser angesichts eines pluralen literarischen Textes? Veranschaulichen lässt sich dies am ehesten mit dem Begriff des Paradigmas. Voraussetzung der strukturalistischen Tätigkeit, des Zerlegens und Zusammensetzens von Texten ist, dass der Leser einen Sinn für Ähnlichkeiten hat und die Textelemente nach gemeinsamen Eigenschaften gruppieren kann. Bei der Lektüre pluraler Texte ist es nicht anders. Die Lektüre eines literarischen Textes erzeugt eine Resonanz, weil sie beim Leser Assoziationen hervorruft und sein kulturelles Gedächtnis aktiviert. De Saussure beschreibt das Verstehen einer Bedeutung als Vorgang der Vereinheitlichung, der Empfänger einer Nachricht assoziiert mit einem Laut eine bestimmte Vorstellung, die er aus einer Gruppe ähnlicher Vorstellungen auswählt. Ein Zeichen hat eine Bedeutung, wenn Signifikant und Signifikat eine Auswahl treffen, das Zeichen ist ein »Urteil«. Die Lektüre eines pluralen Textes geht den umgekehrten Weg, vom vermeintlich eindeutigen Begriff zur Mehrdeutigkeit. Der Leser sucht nicht den Sinn zu vereinheitlichen, sondern erschließt Paradigmen, die Bedeutungen überhaupt erst ermöglichen. Barthes' Leser ist daher auch nicht auf das Wissen um eine Wirkungsgeschichte angewiesen, der Leser reiht den Text nicht in den Kanon einer Tradition ein, sein Ziel ist vielmehr, der Versuchung eindeutiger Verknüpfungen und damit der Bildung von Mythen zu widerstehen.

In *S/Z*, einer strukturalen Balzac-Lektüre von 1970, und der *Lust am Text* von 1973 geht Barthes schließlich noch einen Schritt weiter. Beide Texte richten sich gegen die Lektüre, gegen den Leser, der von der klassischen Literatur hervorgebracht wurde. Der »lesbare« Text, so Barthes in *S/Z*, ist der Text als Produkt, der »schreibbare« hingegen ist ein Text der Produktion. Die Grenze zwischen Autor und Leser, auf die sich die Institution der Literaturwissenschaft stützt, ist nur zu überwinden, wenn man die Lektüre aufgibt, nicht länger nach Strukturen sucht, sondern sich schreibend verhält. Der »schreibbare« Text liefert einem keine Bedeutungen mehr, sondern nur noch eine Galaxie von Signifikanten, deren Bedeutung man schließlich selbst produziert. Der Leser selbst wird zur Konnotation, die im Text angelegt ist. Anders als in der hermeneutischen Rezeptionstheorie ist dieser poststrukturalistische Leser kein Subjekt mehr, seine Struktur ist von der des Textes nicht zu unterscheiden. Um diesen Gedanken noch einmal mit Freuds Traumarbeit zu vergleichen: Mit dem Prinzip der sekundären Bearbeitung hatte Freud die Grenze zwischen dem Traum und seiner Nacherzahlung verwischt, weil die Erinnerung an das Geträumte von derselben Zensur, denselben Mechanismen geleitet wird wie der Traum selbst. Barthes' Beschreibung des Lesens als Produktionsprozess gibt dieser sekundären Bearbeitung eine positive Wendung, sie wird zum Prinzip eines Verfahrens, das sich dem mythischen Bedeutungsmodell entziehen kann.

Poststrukturalistische Theorien versuchen entweder die textimmanente Begrenzung zu überwinden (wie in Barthes' späten Schriften der Fall), oder aber sie fragen wie Jacques Lacan in seinem Essay über *Das Drängen des Buchstaben im Unbewußten* nach den Möglichkeitsbedingungen des Zeichenmodells, auf das sich der Strukturalismus stützt. Mit Jacques Derrida (1930–2004) und Paul de Man (1919–1983) sollen auf den abschließenden Seiten dieses Kapitels zwei dekonstruktivistische Variationen dieser Infragestellung vorgestellt werden.

1967 publiziert Derrida seinen Essay *Kraft und Bedeutung*, abgedruckt als programmatischer Auftakt in *Die Schrift und die Differenz*, einer Sammlung mehrerer Kritiken am Strukturalismus. Seine These ist, dass im »Ultra-Strukturalismus« die Struktur zur »alleinigen Beschäftigung des Kritikers« geworden sei: »Zur alleinigen oder fast alleinigen Beschäftigung!« (Derrida 1967/1997, 29) Der Strukturalismus macht sein heuristisches Instrumentarium zum eigentlichen Gegenstand, seine Analysen sind Projektionen eines räumlichen Ordnungsmusters: »In der Tat, solange die metaphorische Bedeutung des Begriffs der Struktur als *solcher* nicht gesehen wird, das heißt, solange sie nicht erfragt und sogar in ihrem figurativen Vermögen zerstört wird, um die in ihm angezeigte Un-Räumlichkeit oder originale Räumlichkeit zu wecken, läuft man Gefahr, durch ein gewisses unauffälliges Gleiten, das darum aber um so wirksamer ist, den Sinn mit seinem geometrischen oder morphologischen, bestenfalls kinematischen Modell zu verwechseln.« (30)

Derrida bezieht sich in seinem Essay hauptsächlich auf den schweizer Literaturwissenschaftler Jean Rousset, seine Kritik ist darüber hinaus aber als Versuch zu verstehen, eine eigene Theorie und Methode zu entwickeln, die dem Dilemma des Strukturalismus entgeht. Der Strukturalismus, so Derrida polemisch zu Beginn, wird einst von einer »Ideengeschichte« beschrieben werden, also aus der Perspektive jener Denkart, mit der die Strukturalisten gerade brechen wollen. Eine Ideengeschichte des Strukturalismus schreibt Derrida zwar nicht, wohl aber versucht er, die starre Verräumlichung des Struktur-Denkens mit einer zeitlichen und historischen Dimension zu unterwandern. Die Geschichte ist das, was der Strukturalist in geometrischen Metaphern nicht denken kann.

Die Dekonstruktion fragt nach den Metaphern und Tropen zumeist theoretischer Texte, um deren Folgen und Auswirkung auf den Gang der Argumentation kenntlich zu machen. Der Strukturalismus beispielsweise bedient sich bestimmter Begriffe, die er als Modell seinen Analysen voranstellt, ohne sie eigens zu hinterfragen. In Derridas Lesart zeigt sich in diesen Texten infolgedessen oftmals ein Widerspruch, weil ihre Bildlichkeit oder Argumentationsstrategie zumeist von ihnen selbst entkräftet wird. Metaphern sind niemals unschuldig, sie lenken den Text, ohne dass ihr Einfluss immer offenkundig wäre. In einem rein textimmanenten Verfahren versucht die Dekonstruktion diese Widersprüchlichkeit theoretischer Darstellungen aufzuhellen. Dabei könnte man ihre Aufmerksamkeit für begriffliche Gegensätze zwar als Erbe des Strukturalismus verstehen, dessen Schematisierungen jedoch will die Dekonstruktion gerade überwinden. Als Form einer Lektüre versucht sie keine konkrete Methode zu entwickeln, auch das unterscheidet sie vom Strukturalismus, sondern die Widersprüchlichkeit von Denkmodellen bloßzulegen, denen die Methoden folgen – die Dekonstruktion destruiert Modelle, um deren argumentativen Aufbau zu rekonstruieren.

In seinen Schriften muss Derrida daher eine Schreibweise entwickeln, die ihre eigenen Metaphern nicht aus den Augen verliert. Derridas Essay *Kraft und Bedeutung* erscheint, noch bevor er die Dekonstruktion als Verfahren ausformuliert, veranschaulicht gerade darum aber umso eindrücklicher einige der Fragen, die Derrida in späteren Schriften zu systematisieren versucht. Jeder Begriff, das ist eine der Einsichten des Strukturalismus, impliziert immer auch sein Gegenteil. Weil er folglich aber selber in Gegensätzen argumentiert, würde sich die Konfrontation des Strukturbegriffs mit seinem Gegensatz nicht grundsätzlich von der strukturalistischen Einstellung unterscheiden. Um den blinden Fleck des Strukturalismus aufzudecken, um zu zeigen, was er aus seiner Perspektive nicht sehen kann, muss Derrida folglich eine Argumentationsstrategie finden, die nicht einfach auf Oppositionen und Dichotomien zurückgreift: »Wir stellen hier keineswegs die Dauer dem Raum, die Qualität der Quantität, die Kraft der Form, die Tiefe des Sinns oder des Wertes der Oberfläche der Figuren durch die einfache Bewegung eines Pendels, einer Ausgleichung oder einer Umwälzung entgegen. Ganz im Gegenteil. Im Widerstand gegen diese einfache Alternative, gegen diese einfache Wahl einer der Termen oder einer der Reihen, glauben wir, daß neue Begriffe und neue Modelle gesucht werden müssen: eine Ökonomie, die sich diesem System metaphysischer Oppositionen entzieht.« (36)

Auf die Formulierung »im Gegenteil« kommt es hier an. Zwar geht es Derrida darum, keine Gegensätze zu formulieren, weil er genau damit eine metaphysische Denkweise fortsetzen würde, die offenkundig auch den Strukturalismus hervorgebracht hat. Dennoch aber verzichtet er nicht auf die Formulierung eines »Gegenteils«, um genau so die paradoxe Ausgangslage seiner eigenen Argumentationsstrategie zu begründen. Die Überwindung des Gegensätzlichen ist nur möglich, wenn man die Form der dichotomischen Denkweise ihrerseits auf ihre Bedingung hin befragen kann, ohne dabei die gleichen Schematisierungen zu wiederholen. Zu diesem Zweck aber muss Derrida gewissermaßen seine eigenen Grundlagen verlassen können: »Unser Diskurs gehört dem System der metaphysischen Oppositionen in irreduzibler Weise an. Man kann den Bruch mit dieser Zugehörigkeit nur mit Hilfe einer gewissen Organisation, einer gewissen *strategischen* Einrichtung ankündigen, die im Innern des Feldes und der ihm eigenen Mächte eine *Kraft der Verortung* hervorbringt, indem man ihre eigenen Strategeme gegen sie selbst wendet; diese Kraft verteilt sich dann in allen Richtungen über das ganze System, spaltet und *entgrenzt* es vollständig.« (36)

Derridas eigene Theorie bedarf einer Form der Darstellung, in der sich die Gegensätze nicht einfach wiederholen, sondern die Möglichkeitsbedingungen des Gegensätzlichen zur Sprache kommen. Derrida geht es um die Formulierung einer Gegentheorie, die der begrifflichen Opposition nicht bedarf. Um dieses Dilemma zu artikulieren, zugleich aber auch eine Möglichkeit anzudeuten, wie es sich überwinden ließe, verweist Derrida auf Nietzsche, Freud und Heidegger, also wiederum jene Namen, die für eine Revolution der Denkart und Kritik der Metaphysik einstehen, wobei die wichtigste historische Referenz in *Kraft und Bedeutung* Nietzsche ist. Bei ihm findet sich ein Begriffspaar, mit dessen Hilfe sich das Prinzip des Gegensätzlichen pointieren lässt. Das Apollinische und das Dionysische sind in Nietzsches *Geburt der Tragödie* ein gegensätzliches, zugleich aber asymmetrisches Begriffspaar. Das Apollinische bezeichnet das distanzierte, rationale, meist optische Verhältnis zur Welt, im Dionysischen hingegen sind die Gegensätze von Subjekt und Objekt überwunden; das Dionysische ist eine rauschhafte Erfahrung des Traumes und der Trunkenheit, die Nietzsche mit der Musik assoziiert. Der Gegensatz beider Begriffe ist also besonderer Art, denn im Dionysischen ist das Gegensätzliche aufgehoben, auf dem das Apollinische, sein begrifflicher Widerpart, eigentlich basiert. Derrida beschreibt dies wie folgt:

»Das Unterschiedliche, die *Differenz* zwischen Dionysos und Apollo, zwischen dem Antrieb und der Struktur, löst sich nicht *in* der Geschichte auf, weil sie nicht in der Geschichte ist. Sie ist in einem ungewöhnlichen Sinn ebenfalls eine ursprüngliche Struktur: Öffnung der Geschichte und die Geschichtlichkeit selbst. Die Differenz gehört nicht einfach der Geschichte oder der Struktur an. Muß man mit Schelling sagen, daß ›alles bloß dionysisch sei‹, dann muß man wissen – und das heißt schreiben –, daß Dionysos durch die Differenz als die reine Kraft bearbeitet wird. Er sieht und läßt sich sehen. Und sticht (sich) die Augen aus. Immer schon steht er in Beziehung zu seinem Äußern, zur sichtbaren Gestalt, zur Struktur als seinem Tod. – Nur so tritt er für sich in Erscheinung.« (50)

Die »Differenz« bringt Strukturen hervor, ohne aber selbst auf Strukturen rückführbar zu sein. Dionysos wurde bereits von Nietzsche als ein Prinzip gesetzt, das sich metaphysischen Begriffen entzieht und deshalb die Grundlage einer Kritik an der apollinischen Metaphysik sein kann. Derrida geht also in der Geschichte der Metaphysikkritik einen Schritt zurück: Um eine andere Sprache zu sprechen als der Strukturalismus, beginnt er noch einmal mit der Sprache Nietzsches, er geht zurück in der Geschichte, um eine Form der Geschichtlichkeit zu finden, die der Strukturalismus ausblendet. Kraft, Geschichte und Geschichtlichkeit – all dies sind Gegensätze zur geometrischen Formensprache, insofern sie das Prinzip des Gegensätzlichen unterwandern.

Derridas Aufsatz erkundet die sprachlichen Barrieren und Aporien, die zu denken notwendig sind, um eine andere Sprache oder: Sprache anders zu sprechen. Während er sich in *Kraft und Bedeutung* an diese Herausforderung noch herantastet, findet sich in seinem Aufsatz *Die différance* von 1972 der Versuch, die Überwindung des Strukturalismus ohne Nietzsches Vorgaben zu denken – und auf einen Begriff zu bringen, der sich seinerseits dem Begrifflichen entzieht. Der Essay lässt sich als Fortführung, aber auch als Radikalisierung des bisher Gesagten lesen, zumal sich Derrida nun mit Heidegger auf einen Kritiker von Nietzsches Metaphysikkritik bezieht. Zur Einführung in den Text bietet es sich an, seinen ersten und seinen letzten Satz zusammen zu lesen: »Ich werde also von einem Buchstaben sprechen.« (Derrida 1972/1988, 76), so beginnt der Aufsatz. In den letzten beiden Zeilen heißt es: »L'être / parle / partout et toujours / à travers / toute / langue.« (111) – Derridas Übersetzung eines Satzes aus Heideggers *Spruch des Anaximander*: »Das Sein / spricht / überall und stets / durch / alle / Sprachen / hindurch.«

Derrida zitiert und übersetzt aus Heideggers Text, der ja seinerseits von den Schwierigkeiten des Übersetzens handelt. Der erste Spruch des Abendlands von Anaximander ist darum so schwer in eigene Worte zu übertragen, weil sich das Denken so weit von dem Anaximanders entfernt hat, dass die Sprache heute anderes sagt als am Ursprung der abendländischen Philosophie. Diese Schwierigkeiten des Übersetzens zeigen sich auch bei Derrida. Der erste Satz kündigt an, von einem »Buchstaben« zu »sprechen«, das erste Wort des letzten Satzes, »l'être«, könnte man sagen, ist tatsächlich nur einen Buchstaben entfernt vom »Buchstaben« – »lettre«. Gesprochen fällt diese Differenz freilich kaum auf, sie ist zu überhören. »Sein« und »Buchstabe«, tauscht man diese beiden Worte aus, so lautet der Satz Heideggers: »Der Buchstabe spricht überall und stets durch alle Sprachen hindurch.« In Derridas Essay geht es also um den Unterschied von Rede und Schrift, um das Hören und Lesen eines Textes; es geht um den Buchstaben, und es geht um einen Text, der das Denken des Abendlands überwinden will, um an seinen Anfang zu gelangen.

Heideggers Versuch, an den Ursprung des abendländischen Denkens zurückzufinden, wurde im ersten Kapitel angerissen. Bei Derrida geht es auf vergleichbare und dennoch grundlegendere Weise um die Möglichkeitsbedingung des Denkens, die sich diesem Denken zugleich entzieht. In *Kraft und Bedeutung* verweist Derrida mit Nietzsches Dionysos auf eine ursprüngliche Differenz, im Essay über die *différance* sucht er nach einem anderen Ausdruck, um das Wirken der Differenz anschaulich zu machen. Die *différance* ist ein Begriff, der selbst kein Begriff ist, eine Neuschöpfung Derridas. Die *différance* ist das nichtbegriffliche Prinzip, das selbst Differenzen erzeugt:

»das Spiel der Differenz als Bedingung der Möglichkeit des Funktionierens eines jeden Zeichens, woran Saussure nur zu erinnern brauchte, dieses Spiel ist selbst stumm. Unhörbar ist die Differenz zwischen zwei Phonemen, die allein ihr Sein und Wirken als solche ermöglicht. Das Unhörbare eröffnet die zwei präsenten Phoneme, so wie sie sich präsentieren, dem Vernehmen. Gibt es also keine rein phonetische Schrift, so weil es keine rein phonetischen *phone* gibt. Die Differenz, welche die Phoneme aufstellt und sie, in jedem Sinne des Wortes, vernehmbar macht, bleibt an sich unhörbar.« (79)

Um die Differenz in Derridas *différance* wahrzunehmen, muss man das Wort geschrieben sehen. In seiner *Grammatologie* von 1974 diskutiert Derrida ausführlich und an verschiedenen Beispielen seine These, dass die abendländische Philosophie seit Platon dem schriftlichen Ausdruck kritisch gegenübergestanden habe, weil Buchstaben den Klang und die Präsenz einer Stimme niemals wiedergeben können. Die abendländische Metaphysik, so Derrida, hat sich am Ideal einer vermeintlichen Unmittelbarkeit und Authentizität orientiert, weil in der Stimme Klang und Bedeutung nicht getrennt zu sein scheinen. Selbst de Saussure bezieht sich mit seiner Beschreibung des Signifikanten auf *Phoneme*, nicht auf Buchstaben. Dem Gehör muss aber die Differenz, in Derridas *différance* beispielsweise, entgehen, obwohl sich mit der

Neuschreibung das Wort entscheidend verändert. Die *différance*, aus der die Differenzen hervorgehen, lässt sich nur buchstäblich zeigen, indem Derrida den Buchstaben »a« in den Begriff »*différence*« einsetzt, damit aber nicht nur die Bedeutung des ursprünglichen Wortes verschiebt, sondern die Bedeutung von »*différance*« als Verschiebung gewissermaßen vorführt. Derridas *différance* hat keine Bedeutung, die sich als »anwesende« (bei Heidegger geht es um das »Anwesen des Anwesenden«) denken ließe; die Bedeutung der *différance* lässt sich nicht repräsentieren, weil sie ihrerseits die Bedingung der Möglichkeit des Bedeutens und Repräsentierens ist. Die *différance* ist »polysemisch« (84), weil sie keine Bedeutung festschreibt oder vereinfacht, sondern selbst dafür einsteht, dass Bedeutungen produziert werden: »Nach den Forderungen einer klassischen Begrifflichkeit würde man sagen, daß ›*différance*‹ die konstituierende, produzierende und originäre Kausalität bezeichnet, den Prozeß von Spaltung und Teilung, dessen konstituierte Produkte oder Wirkungen die *différents* oder die *différences* wären.« (84) Die *différance* ist weder aktiv noch passiv, weil sie keine »Tätigkeit« eines Subjekts ist, sondern vielmehr die Grundlage für Subjektivität überhaupt. Die *différance* lässt sich nur als Spur wahrnehmen, weil sie keine unmittelbare Gegenwart zulässt und das Ideal einer akustischen Präsenz unterwandert. Und genau dies ist das Prinzip der Schrift, das die Philosophie seit Platon verkennt. Die *différance* ist »archi-écriture«, eine Schrift der Schrift und – ähnlich wie der Algorithmus Lacans – ein Versuch, die Funktionsweise der Signifikanten aufzuzeigen.

Bemerkenswert ist, dass auch in Derridas Essay jene beiden Dimensionen wiederkehren, die in den Schriften von Roland Barthes so wichtig waren. Die *différance* ist »Verräumlichung« und »Verzeitlichung«, wie Derrida mit Blick auf de Saussure näher begründet. Beliebigkeit und Differenz sind de Saussure zufolge das Prinzip des linguistischen Zeichens, die arbiträre Beziehung von Signifikant und Signifikat veranschaulicht de Saussure mit einer vertikalen Beziehung, die Differenz hingegen auf einer horizontalen Ebene. Beide Eigenschaften sind korrelativ, treten also nur gemeinsam auf. Bei Derrida beschreibt die *différance* das Zusammenspiel zweier vergleichbarer Wirkungsweisen: Verräumlichung und Temporisation. (91) Aufschlussreich ist dies zum einen, weil sich die bei Roland Barthes so prägnante Ausrichtung an zwei Dimensionen auch bei Derrida wiederfindet, wobei Derrida die beiden Achsen anders als Barthes nicht räumlich, sondern raumzeitlich denkt, also genau so, wie in *Kraft und Bedeutung* gefordert. Aufschlussreich ist zum anderen, dass Derrida mit der Verräumlichung und Verzeitlichung an die zwei Apriori erinnert, die nach Immanuel Kants Transzendentalphilosophie die Bedingung der Möglichkeit der Erkenntnis sind. Was wir erkennen können, meint Kant, ist entweder räumlich oder zeitlich bedingt, weil das Erkenntnisvermögen seine Gegenstände auf diese Weise organisiert. Mit seiner Neuschreibung dieser Raum-Zeit-Dimension als *différance* formuliert auch Derrida eine Möglichkeitsbedingung – für die Differenzen, die unsere Zeichen und unser Denken leiten. Um diese *différance* zu denken, muss man das eigene Denken überwinden:

»Was unterscheidet / schiebt auf (*diffère*)? Wer unterscheidet / schiebt auf (*diffère*)? Was ist die *différance*? Würden wir diese Fragen beantworten, ohne sie vorher als Fragen zu untersuchen, sie umzuwenden und ihre Form zu verdächtigen, bis hin zum scheinbar Natürlichsten und Notwendigsten an ihnen, so fielen wir hinter das zurück, was wir bereits entwickelt haben. Denn wenn wir die Form der Frage ihrem Sinn und ihrer Syntax nach akzeptieren (›was ist‹, ›wer ist‹, ›wer ist es, der ...‹), hieße das, die différance sei abgeleitet, hinzugekommen, werde von dem Punkt eines gegenwärtigen Seienden aus gemeistert und beherrscht, wobei dieses irgend etwas, eine Form, ein Zustand, eine Macht in der Welt sein kann, denen man allerlei Namen geben kann, ein Etwas oder ein gegenwärtig Seiendes als *Subjekt*, ein *Wer*.« (93f.)

Am Ende zitiert Derrida noch einmal aus Heideggers *Spruch des Anaximander*. Das »Sein«, nach dem Heidegger fragt, ist bei Derrida: »l'être«, aber auch »lettre«, der Buchstabe. Heidegger beginnt seine Überlegungen zu Identität und Differenz mit dem Ausdruck »A=A«, um aus dem Gleichheitszeichen, der Kopula »ist«, die Frage nach dem Sein abzuleiten. »Das kleine Wort ›ist‹«, so Heidegger, enthält »das ganze Geschick des Seins.« (Heidegger 1957/2008, 66) Derrida hingegen will von einem »Buchstaben sprechen«, dem Buchstaben »a«, den Heidegger in »A=A« stillschweigend voraussetzt, weil er sich nur dem Gleichheitszeichen zuwendet. In diesem Sinne versucht Derrida die Voraussetzungen von Heideggers Sprachphilosophie zu klären.

Sein Essay ist somit aber auch als Kommentar zu Lacans *Das Drängen des Buchstaben im Unbewußten* zu verstehen, denn auch Lacans Text von 1957 handelt von einer »buchstäblichen« Lektüre: »Wie unsere Überschrift hören läßt, entdeckt die Psychoanalyse im Unbewußten über ein solches Sprechen hinaus die Struktur der Sprache. Von Anfang an ist sie also dem Aufmerksamen eine Warnung, die ihm zeigt, warum er dem Gedanken abschwören muß, daß das Unbewußte nur der Sitz der Instinkte sei. Wie aber ist der Buchstabe hier zu verstehen? Einzig und allein buchstäblich!« (Lacan 1961/1975, 19) Im Französischen Original wird Lacans Wortspiel noch deutlicher. Worauf man »hören« muss, ist die lautliche Übereinstimmung vom Buchstaben »lettre« und dem Sein »l'être«. Wenn Lacan also nach dem Sinn des Buchstabens fragt, dann geht es buchstäblich auch um das Sein des Menschen, dessen Unbewusstes ja, wie wir gesehen haben, wie die Sprache strukturiert ist. Diese intertextuellen Verweise sind wichtig für das Verständnis von Derridas Essay. Sie verdeutlichen, dass Heidegger, Lacan und Derrida offenkundig zu einer Theorie des Signifikanten beitragen, dabei jedoch ihren Ansatz unterschiedlich akzentuieren. Heideggers Frage nach dem Sinn wird bei Lacan zur Analyse des Unbewussten. Derrida wiederum beschreibt das Sein der Sprache, ohne auf psychoanalytische Kategorien zurückzugreifen. Seine *différance* ist um jegliche Subjektivität bereinigt.

Derrida entwickelt sein Lektüreverfahren nicht für die Literaturwissenschaft, obwohl er in zahlreichen seiner Schriften literarische Texte kommentiert. Über Franz Kafkas *Vor dem Gesetz* beispielsweise schreibt Derrida, dass die Erzählung von der aussichtslosen Suche nach dem Wesen und dem Gesetz handelt, von der Unzugänglichkeit des Gesetzes, den permanent aufgeschobenen Deutungen des Lesers. Kafkas *Vor dem Gesetz* ist ein Text ohne Haltepunkt, gerade darum aber auch eine Form der *différance*. (Derrida 1982/1999, 73) Die Erzählung führt vor, was Derrida in seinen Essays auf andere Weise beschreibt. So zeigt sich, dass die Literatur gar kein bevorzugter Gegenstand der Dekonstruktion ist, wohl aber lassen sich in der Literatur Verfahren beobachten, denen die Dekonstruktion selbst folgt. Die Dekonstruktion wird daher aber nicht literarisch (wie bei Barthes der Kritiker, dessen Texte die literarische Schreibweise annehmen). Derridas Schriften sind weder Theorie noch Literatur, weil sie sich als Genre erst gar nicht bestimmen, sondern sich einzig nach dem Text ihrer jeweiligen Lektüre richten.

Paul de Man

Der belgische Dekonstruktivist Paul de Man (1919–1983) bestimmt das Verhältnis von Literatur und Philosophie noch genauer. Zusammen mit Geoffrey Hartmann, Harold Bloom und J. Hillis Miller gehört Paul de Man zur amerikanischen Schule des Dekonstruktivismus, die sich in den 1970er Jahren an der Universität Yale formiert. Die sogenannten Yale Critics grenzen sich kritisch ab vom New Criticism, der die amerikanische Literaturwissenschaft bereits seit den 1940er Jahren dominiert hatte – mit einer werkimmanenten Lektüre, wie sie auch die Dekonstruktivisten kennzeichnet. Anders als ihre Vorläufer aber beschreiben die Dekonstruktivisten den Text nicht als ein Gebilde von syntaktischen und semantischen Kohärenzen. Die inhaltliche Argumentation eines Textes, so die Grundannahme, wird von seiner Form unterwandert und entkräftet. Im Zentrum der dekonstruktivistischen Lektüre steht deshalb die Aporie, der unauflösliche Widerspruch, der nicht als Mangel philosophischer oder literarischer Texte zu begreifen ist, sondern als deren Wesenszug. Paul de Mans Essay *Rhetorik der Tropen* über Friedrich Nietzsche ist eine exemplarische Lektüre, zumal de Man bei Nietzsche nicht nur Aporien aufdeckt, sondern auch die Grundlage des aporetischen Denkens. Nietzsches Philosophie ist Literatur, seine Theorie der Rhetorik eine Form der Erkenntnistheorie: »Die Trope ist keine abgeleitete, marginale oder anormale Form der Sprache, sondern das linguistische Paradigma par excellence.« (de Man 1979/1988, 148) Vor allem in seiner kurzen Schrift *Ueber Wahrheit und Lüge im aussermoralischen Sinne* zieht Nietzsche aus dieser Einsicht die Konsequenz für seine Erkenntnistheorie. Die Wahrheit, so Nietzsche, sei »ein bewegliches Heer von Metaphern, Metonymien, Anthropomorphismen«, eine Verabredung, an deren Übereinkunft sich niemand mehr erinnert. Ohne sich dessen bewusst zu sein, benutze der Mensch Metaphern, als seien sie durch den Bezug auf eine reale Referenz verbürgt. (153f.) Um einen aporetischen Text handelt es sich bei Nietzsches Essay de Man zufolge in zweierlei Hinsicht: Zum einen kritisiert Nietzsche Metaphern, ohne sich deren Wirkung entziehen zu können. Das »Selbst« beispielsweise wird von Nietzsche als eine Metapher entlarvt, aber wie de Man nachzuweisen versucht, kann auch Nietzsche das Denken des Selbst nicht aufgeben. Wichtiger aber ist, dass Nietzsche seinerseits die Unausweichlichkeit des Aporetischen beschreibt. Weil die Sprache grundsätzlich metaphorisch ist, gibt es keine Form der Außensicht, keine Metasprache, die nicht vom selben Prinzip getragen wäre. In Nietzsches Essay ist einzig der Künstler in der Lage, die Sprache anders zu sprechen, weil er die Metaphorizität der Metaphern als solche bewusst machen kann: im Sprachspiel, durch das Erfinden künstlicher Metaphern, in ihrer Übertreibung und Ironisierung. Der Künstler ist in der Lage, die Sprache in ihrer Funktionsweise zur Schau zu stellen, sich der Wirkung einiger Metaphern zumindest zeitweilig zu entziehen – zeitweilig, weil die metaphorische Rede auch ihn bindet. Dauerhaft kann auch der Künstler die Aporie nicht überwinden. Genau dies aber ist die Einsicht, die Paul de Man von Nietzsche übernimmt. Aporien sind unvermeidlich, so zeigt es uns Nietzsche, indem er das Problem der Erkenntnistheorie, die Frage nach der Wahrheit, auf die Grundlage der Rhetorik stellt.

Die Philosophie findet in der Literatur ihre Methode, in einem zweiten Schritt aber muss sie darüber hinaus auch selbst literarisch werden. Es bedarf einer besonderen Form, um die Unüberwindlichkeit des Aporetischen vorzuführen. Wie de Man wiederum mit Bezug auf Nietzsche schreibt, scheint einzig die ironische Allegorie eine Möglichkeit zu sein, einen Ausdruck für das Aporetische zu finden. Allegorien sind Texte mit mehrfacher

Bedeutung, weshalb sie oftmals im Zentrum der Hermeneutik stehen, ihre Mehrdeutigkeit bedarf der Interpretation und Auslegung. Der allegorische Sinn eines Textes ist von seinem wörtlichen unterschieden, weil er nicht expliziert ist. Bei de Man verführt die Allegorie allerdings nicht zur hermeneutischen Überbrückung der verschiedenen Bedeutungen, gerade umgekehrt geht es ihm um ihre unauflösbare Differenz. De Mans *Allegorien des Lesens* führen ihr eigenes, unausweichliches Scheitern vor, sind damit aber Ausdruck der Dekonstruktion: »Wenn wir Nietzsche mit jener rhetorischen Aufmerksamkeit lesen, die er selbst in seiner Theorie der Rhetorik kultiviert, so werden wir finden, daß die allgemeine Struktur seines Werkes der endlos wiederholten Geste jenes Künstlers gleicht, der ›aus der Erfahrung nicht zu lernen versteht und immer wieder in dieselbe Grube fällt, in die er einmal gefallen‹. Am schwersten fällt das Eingeständnis, daß diese Allegorie der Irrungen das Modell philosophischer Strenge ist.« (162)

Allegorien sind de Man zufolge Textformen, in denen die Differenzen zwischen Zeichen und ihren Bedeutungen offen gehalten werden, Texte also, deren Referenz die Zeichen und ihre Funktionsweise sind. Allegorien sind Texte, die sich auf andere Texte beziehen und dieser Beziehung selbst eine Form zu geben versuchen. In dieser »Poetik« theoretischer Texte deutet sich an, dass de Man das Verhältnis von Theorie als Genre zum Genre der Literatur grundsätzlich überprüft. Die Theorie, so de Man in seinem Essay *Widerstand gegen die Theorie*, beginnt mit der Einführung der linguistischen Terminologie in die Metasprache der Literatur. (de Man 1986/1987, 88) Damit stellt sie sich aber auch von Beginn an infrage, denn als Metasprache über Literatur bezieht sie sich auf einen Gegenstand, der selbst sprachlich verfasst ist. De Mans These ist, dass der theoretische Text mit dieser Absicht dem literarischen schließlich unterlegen ist, unterlegen in einem ganz wörtlichen Sinne: In literarischen Texten wird die logische und rein grammatische Ebene der Sprache von der Rhetorik dominiert. Wie mit de Mans Ausführungen über Nietzsche angedeutet, ist diese Rhetorik ihrerseits eine Form der Theorie, insofern sie die Voraussetzungen des rein Logischen artikulieren kann, damit aber die logische Argumentation eines Textes zugleich suspendiert. Die paradoxe Folge ist, dass der literarische Text gegenüber dem theoretischen stets einen Vorsprung hat: Er kann sich selbst dekonstruieren, indem er die Rhetorik am Grammatischen und der Logik ausstellt. Damit subvertiert die Literatur auch jene Aufspaltung von Theorie und Literatur, auf die sich metasprachliche Theorien zu begründen versuchen. Literarische Texte leisten Widerstand gegen die Theorie, weil sie selbst immer schon theoretisch sind. Literatur, heißt das aber, ist kein Gegenstand der Dekonstruktion, sondern ihr Modell.

III. Theorien der Referenz

Die in den ersten beiden Kapiteln diskutierten Theorien haben sich an einer Achse des semiotischen Dreiecks orientiert, an der Beziehung des Bezeichnenden zum Bezeichneten, und diese beiden Eckpunkte unterschiedlich pointiert und besetzt. Das hermeneutische Sprachmodell unterscheidet das Zeichen von seiner Bedeutung, der Strukturalismus hingegen Signifikanten von Signifikaten. Im Mittelpunkt der Hermeneutik steht die Bedeutung, der Strukturalismus fokussiert den Signifikanten. In beiden Theorien verschwindet der Gegenpol ihres theoretischen Zentrums jedoch nicht vollständig. Die hermeneutische Interpretation der Bedeutung kommt immer wieder auf eine philologische Beschreibung der Zeichen und eine Textanalyse zurück, der Strukturalismus wiederum analysiert, wie Signifikanten Bedeutungen erzeugen und sich mit Signifikaten verknüpfen. Deshalb bleiben Hermeneutik und Strukturalismus stets aufeinander bezogen, wenn auch meist in negativer Weise, wie nicht zuletzt in ihren polemischen Debatten deutlich wird.

Weder die Hermeneutik noch der Strukturalismus aber scheinen sich mit dem außersprachlichen Referenten näher zu befassen. Der Referent scheint aus dem Bezugsrahmen dieser Theorien zu fallen oder wird, radikaler noch, explizit ausgeschlossen. Folgt man den Ausführungen de Saussures, dann scheint er den Referenten lediglich zu erwähnen, um ihn aus der Sprachwissenschaft zu verbannen. Das heißt freilich nicht, dass er außerlinguistische Sachverhalte bestreiten würde, aus methodischer Sicht jedoch scheint die Beschaffenheit der realen Welt nicht zur Klärung des linguistischen Zeichenmodells beitragen zu können, so de Saussure. Zeichen funktionieren unabhängig davon, ob ihnen ein reales Ding entspricht. Umberto Eco argumentiert, dass Referenten für semiotische Theorien dennoch ein Ärgernis bleiben (Eco 1977, 149), denn jedes Zeichen bezieht sich ja auf etwas und lässt allein darum die Vorstellung eines Objektbezugs entstehen. Paul de Man zufolge ist die Abgrenzung und Definition eines Zeichens gar nicht möglich, ohne dass man auch eine Welt der Referenten anerkennt – wie sonst wollte man den Sinn von Zeichen erklären? Dies zeige sich auch in jenen philosophischen Schriften, die sich auf eine rein nominalistische Zeichenwelt beschränken wollen; der Referent melde sich stets zurück, scheinbar unvermeidlich verstricken sich auch diese Philosophien in einen Widerspruch und stellen unfreiwillig Mutmaßungen über Referenten und reale Sachverhalte an.

Aus semiotischer Sicht erscheint der Referent also als eine Art Parasit, als ein unangenehmer Begleiter der Zeichentheorie, den sie niemals ganz abschütteln kann. Wie aber ist die Funktion des Referenten für Theorien zu bestimmen, die sich nicht auf eine textimmanente Lektüre beschränken, die ihrerseits explizit Bezug nehmen auf nicht-literarische Kontexte? Den nachfolgend diskutierten Theorie-Modellen ist diese Herausforderung gemeinsam. Ob sie sich auf die Gesellschaft, auf Kultur, Geschichte, Körper oder Medien als Referenzbereich beziehen, sie alle sind Grenzfälle des semiotisches Zeichenmodells, entweder weil sie ihren Gegenstand mittels einer Zeichentheorie in den Griff zu bekommen versuchen, die auf dem Ausschluss des Referenten beruht, oder aber, weil sie die Semiotik überwinden wollen, um zum Referenten vorzudringen.

Mit Niklas Luhmanns (1927–1998) Systemtheorie lässt sich zunächst eine andere Beschreibung der offenbar so widersprüchlichen Beziehung von Zeichen und Referenten geben. Ein Zeichen ohne Referenz, schreibt Luhmann in seinem Aufsatz *Zeichen als Form*, diese Radikalisierung des linguistischen Modells, wie man sie im Strukturalismus und der Semiotik findet, führt in eine Paradoxie, denn Zeichen, die nur zum Ausdruck bringen, dass es nichts gibt außer Zeichen, würden letztlich auch sich selbst infrage stellen. (Luhmann 1993, 46) Luhmanns Systemtheorie versucht diese Paradoxie nicht aus dem Weg zu räumen, sondern im Gegenteil genauer zu definieren. Dafür ersetzt er zunächst den Begriff der Relation oder Differenz zwischen Signifikanten und Signifikat durch den systemtheoretischen Begriff der »Unterscheidung«. Es gibt Zeichen aufgrund der Unterscheidung von Signifikanten und Signifikaten, was mit Luhmann heißt: Die beiden Sphären des Zeichens existieren nicht an sich, sondern werden durch die Unterscheidung überhaupt erst konstituiert. Ganz ähnlich hatte Lacan die Zeichenfunktion als Algorithmus und Derrida sie als *différance* beschrieben, jeweils mit der Absicht, de Saussures Modell zu radikalisieren. Zwar ist auch de Saussure zufolge die Differenz konstitutiv für das Zeichen, zugleich aber skizziert er Signifikanten und Signifikate als unabhängige Sphären, die durch die Zeichenrelation verbunden werden. Lacan und Derrida hingegen beschreiben die Differenz als produktive Funktion, ebenso wie Luhmanns Systemtheorie.

Die Unterscheidung bringt hervor, was sie unterscheidet. Dies ist ein Wesenszug aller Systeme. Sie basieren auf Beobachtungen, die Luhmann nicht als optische Betrachtungen von etwas versteht, sondern als Prozessieren von Unterscheidungen. Jedes System macht Beobachtungen auf der Grundlage von Unterscheidungen, die es allerdings selbst nicht beobachten kann. Die Unterscheidung wird als solche nicht bewusst, es sei denn aus Sicht eines Systems zweiter Ordnung, das aufgrund einer weiteren Unterscheidung die Beobachtung erster Ordnung samt der ihr zugrunde liegenden Unterscheidung thematisieren kann. Während die Beobachtung erster Ordnung etwas sieht, sieht die Beobachtung zweiter Ordnung, *wie* etwas gesehen wird. Einen solchen Blick zweiter Ordnung versucht Luhmann auch auf die Semiotik zu werfen.

Die Semiotik beruht auf der Unterscheidung von Signifikanten und Signifikaten, deren Einheit de Saussure als »Zeichen« definiert. In Luhmanns Terminologie sind die Unterscheidung und die Einheit dieser Unterscheidung die zwei Seiten der sogenannten »Form«. Bis hierher scheint er von Saussure nur in der Wahl seiner Begrifflichkeit abzuweichen. Seiner »Formanalyse« des Zeichens entspricht de Saussures Beschreibung von Signifikanten und Signifikaten sowie dem Zeichen als Einheit dieser Unterscheidung. Anders als die Semiotik jedoch versucht die Systemtheorie, das Zeichen im Zusammenspiel von drei Instanzen zu beschreiben, dem aus Signifikant und Signifikat bestehenden Zeichen einerseits und dem Referenten andererseits. Während sich die Semiotik nur auf eine Seite der von ihr getroffenen Unterscheidung konzentriert, die Funktion von Signifikant und Signifikat innerhalb des Zeichens, und dafür die Beziehung des Zeichens zu seinem Referenten vernachlässigt, betont Luhmann auch die zweite Unterscheidung von Zeichen und Referenten. Die Semiotik ist gewissermaßen einfacher als die sie beobachtende Systemtheorie, weil sie den Referenten auszublenden versucht, wenngleich sich hier die Unterscheidung zwischen Bezeichnendem und Bezeichnetem ja zu wiederholen scheint. Das »Problem der Referenz« kann sie damit nicht lösen, obwohl sie auf einer Unterscheidung basiert, die ihr dabei helfen könnte.

Auch in seiner systemtheoretischen Formanalyse versucht Luhmann nicht, das Zeichen an reale Sachverhalte oder Referenten zurückzubinden. Ausdrücklich aber bezieht er die Unterscheidung Bezeichnendes und Bezeichnetes nicht nur auf die Binnendifferenz des Zeichens, sondern auch auf das System des Zeichens als solches. Das Zeichen ist an seiner »Außenseite« abgegrenzt von einer »Welt«, aber wie im Falle der Binnenunterscheidung Signifikant und Signifikat gilt auch hier: Zeichen und Welt existieren nicht an sich, sondern aufgrund der Unterscheidung. Auch bei Luhmann gibt es kein Reich unabhängiger Referenten, wohl aber haben Zeichen immer eine Referenzialfunktion, weil sie als Bezeichnende vom Bezeichneten nicht zu trennen sind:

> »Sprache ist, anders gesagt, immer Weltsprache. Sie behält ihre Form der Zeichenverwendung nur, wenn sie Bezeichnendes auf Bezeichnetes bezieht. Sie lebt von dieser Unterscheidung, konstruiert daher immer auch etwas anderes als sich selbst. Das besagt allerdings nicht, daß sie operativ in die Außenwelt übergreifen oder auch nur repräsentative oder adaptive Funktionen erfüllen könnte. [...] Es gibt keinen operativen Durchgriff der Sprache auf nichtsprachliche Realitäten, so wenig wie eine ›impressive‹ Einwirkung der Außenwelt auf die Sprache. Aber gleichwohl spricht die Sprache nicht nur über Sprache.« (51)

Die Systemtheorie bietet keine Lösung des semiotischen Dilemmas, sie versucht aber zu beobachten, warum die Zeichentheorie vom Referenten nicht loskommt. Es gibt keine Möglichkeit, mit der Außenwelt in Verbindung zu gelangen, ebenso unmöglich ist es aber, die Außenwelt zu leugnen, weil sie mit jedem Zeichen aufs Neue konstituiert wird. Es ist der »Sinn« von Zeichen, dass sie sich auf etwas Bezeichnetes beziehen. Und dieses Bezeichnete ist einerseits, und zwar auf der Innenseite der Sprache, bestimmt (wie das Signifkat bei de Saussure), andererseits aber auf der Außenseite unbestimmt (wie der Referent). Der Sinn eines Bezeichnenden ist einerseits ganz konkret das Bezeichnete, andererseits aber völlig undefiniert, weil er lediglich die Grenze und Unterscheidung von Sprache und Umwelt anzeigt. (63) Das Zeichen kann nie über sich hinausgehen, und dennoch beruht es auf einem Außen, einer Umwelt, von der es sich abgrenzt. Die von Paul de Man beschriebene Aporie, dass Zeichen immer auch die Referenten ins Leben rufen, von denen sie sich unterscheiden wollen, wird auch von Luhmann nicht aufgelöst, sondern auf die Form des Zeichens selbst zurückgeführt.

Mit dieser Aporie der Refenzialfunktion lässt sich die Schwelle bezeichnen, an der die nachfolgend vorgestellten Theorien zu verorten sind. Im Gegensatz zu den frühen Hermeneutiken oder dem Strukturalismus beziehen sie sich nicht ausschließlich auf Texte, sie versuchen Kontexte der Literatur zu erschließen, für deren Beschreibung werkimmanente Verfahren nicht hinreichen. Wie lassen sich die Gesellschaft, die Kultur, die Geschichte, der Körper und die Medien als Referenten beschreiben, wie lässt sich die Literatur zu ihnen ins Verhältnis setzen? Versuchen die Theorien den Zeichen- und Textbegriff zu universalisieren, um ihre Kontexte lesbar zu machen (wie Roland Barthes den Leser)? Oder kollabieren die symbolischen Ordnungen, weil sie das Problem der Referenz nicht mittels einer Sprachtheorie lösen können? Die nunmehr vorgestellten Theorien sind Grenzfälle des semiotischen Modells, weil sie innerhalb der Semiotik vergeblich zum Realen drängen oder aber das semiotische Zeichenmodell überwinden müssen, um ihren Referenten zu erreichen. Zwar folgen diese Beispiele keiner chronologischen Ordnung, gleichwohl scheint die Häufung dieser Grenzfälle in den vergangenen Jahrzehnten darauf schließen zu lassen, dass sich das vom *linguistic turn* begründete theoretische Paradigma seinem vorläufigen Ende zuneigt.

Theodor W. Adorno, Niklas Luhmann: Gesellschaft

Im ersten Kapitel ihres Gemeinschaftswerks *Dialektik der Aufklärung* beschreiben Theodor W. Adorno (1903–1969) und Max Horkheimer (1895–1973) eine »ahnungsvolle Allegorie« (Adorno/Horkheimer 1947/1992, 41) aus Homers *Odyssee.* Wo Seefahrer seit jeher dem Untergang geweiht waren, weil sie dem betörenden Gesang der Sirenen lauschten, kann Odysseus erstmals ihrer Lockung widerstehen. Seinen Ruderern verschließt er die Ohren mit Wachs, sich selbst lässt er an den Mast binden, um den Gesang der Sirenen hören zu können, ohne ihm nachgeben zu müssen. So wird der durchdringende Gesang der Sirenen und »ihre Lockung« zum »bloßen Gegenstand der Kontemplation neutralisiert«, zur »Kunst«. (41) Diese »List« des Odysseus, mit ganz einfachen Hilfsmitteln den eigenen Untergang abzuwenden, ist eine Allegorie für die Dialektik der Aufklärung, weil die Episode zum einen von Odysseus' Befreiung vom Mythos handelt, zum anderen aber auch verrät, dass Odysseus dafür kein geringeres Opfer bringen muss als sein eigenes Begehren. Nicht nur die Sirenen werden zum Gegenstand, auch Odysseus kann sich zum Objekt machen, sich fesseln lassen, um sein Verlangen zu kontrollieren. Allegorisch ist die Episode aus mehreren Gründen. In der Interpretation Horkheimers und Adornos handelt sie vom ersten aufgeklärten Bürger, weil sich Odysseus vernünftig und listig zu kontrollieren weiß; sie erzählt von der Kunst und ihrer Entstehung, weil sich fortan überwältigende Sirenengesänge so distanziert genießen lassen wie die Aufführung in einem Konzertsaal; die Episode berichtet aber auch von einer Klassenteilung, denn die Geburt der Kunst wird mit der Unfreiheit der Ruderer erkauft. Sie sind ausgeschlossen vom Genuss des Gesangs.

Adorno und Horkheimer bedienen sich bei ihrer Interpretation mehrerer Deutungsmuster. In seinen kulturkritischen Schriften beschreibt Sigmund Freud, dass die Zivilisation nur aufgrund der Verdrängung von Trieben möglich ist – Odysseus' Bändigung des eigenen Körpers. Eine marxistische Deutung ist die Interpretation der Episode in ihrer Beschreibung der Klassenteilung – die tauben Ruderer unterdeck. Aufklärerisch ist ihr Argument, dass die Passage die Instrumentalisierung der Vernunft zum Ausdruck bringe – Odysseus' List. Bemerkenswert ist ihre Beschreibung der Sirenen aus Homers *Odyssee* aber auch, weil sie überdies in formaler Hinsicht einen Anfang der abendländischen Geschichte beschreibt. Homer schreibt auf, was zuvor nur mündlich überliefert wurde, seine Niederschrift steht für einen Medienwechsel, der die Befreiung von der Natur noch einmal veranschaulicht:

»Wie die Erzählung von den Sirenen die Verschränktheit von Mythos und rationaler Arbeit in sich beschließt, so legt die Odyssee insgesamt Zeugnis ab von der Dialektik der Aufklärung. Das Epos zeigt, zumal in seiner ältesten Schicht, an den Mythos sich gebunden: die Abenteuer stammen aus der volksmäßigen Überlieferung. Aber indem der homerische Geist der Mythen sich bemächtigt, sie ›organisiert‹, tritt er in Widerspruch zu ihnen. [...] Die homerische Rede schafft Allgemeinheit der Sprache, wenn sie sie nicht bereits voraussetzt; [...] der Held der Abenteuer erweist sich als Urbild eben des bürgerlichen Individuums, dessen Begriff in jener einheitlichen Selbstbehauptung entspringt, deren vorweltliches Muster der Umgetriebene abgibt. Am Epos, dem geschichtsphilosophischen Widerspiel zum Roman, treten schließlich die romanähnlichen Züge hervor, und der ehrwürdige Kosmos der sinnerfüllten homerischen Welt offenbart sich als Leistung der ordnenden Vernunft, die den Mythos zerstört gerade vermöge der rationalen Ordnung, in der sie ihn spiegelt.« (50)

Homers Aufzeichnungen sind als Verschriftlichung bereits Ausdruck dessen, wovon die Episode handelt. Denn die List des Odysseus ist nur darum möglich, weil er eine »Lücke im Vertrag« auszunutzen weiß, »durch die er bei der Erfüllung der Satzung dieser entschlüpft« (66). Odysseus erkennt die archaische Übermacht des Lieds an, weiß sich den Sirenen aber zugleich zu entziehen, weil er ein anderes Zeichenverständnis hat. Er sieht Lücken im Vertrag, weil er eine Differenz zwischen Wortlaut und Bedeutung ausmachen kann. Die »Lücke« im Vertrag ist letztlich die Differenz zwischen den Zeichen und ihrem Sinn. Die Entstehung der Kunst, des abendländischen Individuums, der Arbeitsteilung und der instrumentellen Vernunft sind mit einem Wandel im Zeichenverständnis verknüpft, den Adorno und Horkheimer als Übergang von einem mimetischen Weltverhältnis zur Aufspaltung von Subjekt und Objekt darstellen. Während im mythischen Weltbild die Götter noch eins sind mit ihrer Bedeutung und darum unmittelbar wirken, ist die Emanzipation des Subjekts nur möglich aufgrund einer Distanznahme, die sich vor allem sprachlich ausdrückt. Der antike Opferkult ist Adorno und Horkheimer zufolge schon ein erster Schritt in dieser Entwicklung, weil das Opfertier bereits eine Ersatzfunktion erfüllt:

> »Die Substitution beim Opfer bezeichnet einen Schritt zur diskursiven Logik hin. Wenn auch die Hirschkuh, die für die Tochter, das Lamm, das für den Erstgeborenen darzubringen war, noch eigene Qualitäten haben mußten, stellten sie doch bereits die Gattung vor. Sie trugen die Beliebigkeit des Exemplars in sich. Aber die Heiligkeit des hic et nunc, die Einmaligkeit des Erwählten, in die das Stellvertretende eingeht, unterscheidet es radikal, macht es im Austausch unaustauschbar. Dem bereitet die Wissenschaft ein Ende. In ihr gibt es keine spezifische Vertretbarkeit: wenn schon Opfertiere, so doch keinen Gott. Vertretbarkeit schlägt um in universale Fungibilität.« (16)

Seit den frühen Opferkulten hat der abendländische Mensch ein Ersatzdenken gelernt, was ihn von den Zwängen der Natur befreit, ihn als Subjekt konstituiert und der Objektwelt gegenüberstellt. Genau dies zeigt sich auch in der Sirenen-Episode. Odysseus ist ein sich selbst kontrollierendes Subjekt, das die Sirenen als Objekt behandeln kann. Er kann sie zum Gegenstand machen, weil er sich selbst zum Gegenstand macht und seinen Körper an den Mast bindet. Der Riss, die Lücke, die Spaltung von den Zeichen und ihren Objekten ist gewissermaßen der Anfang von Geschichte überhaupt. *Indem* Odysseus sich kontrolliert, wird er zum Subjekt, werden die Sirenen zu Objekten, unterscheiden sich die Begriffe von ihren Bedeutungen. Folglich aber ist auch die Unterscheidung von Aufklärung und Mythos an sich schon ein Produkt der Aufklärung, die Folge der Einführung einer Differenz. Erst das aufgeklärte Subjekt, das Zeichen zu lesen und einzusetzen weiß, trennt die Welt von seiner eigenen Geschichte, konstituiert sich als Subjekt im Gegensatz zum Objekt. Die Abgrenzung des Mythos als eines Zeitalters, in dem es diese Differenz noch nicht gegeben hat, ist ihrerseits Ausdruck einer aufgeklärten Vernunft.

Um einen Gründungsmythos handelt es sich bei der Episode aber schließlich, weil Adorno und Horkheimer damit auch die Entwicklungsgeschichte und die Bedingung ihrer eigenen Theorie erzählen. Mit ihrer Dialektik reagieren sie auf eben jene Spaltung von Subjekt und Objekt, deren Urszene sie bei Homer wiederfinden. Adorno und Horkheimer sind Teil der Geschichte, die sie erzählen; dem Denken, das sie kritisieren, sind auch sie verpflichtet. Der Name »Kritische Theorie« sagt es bereits: Einerseits kann sich die »Kritik« in dieser Formulierung auf die Theorie beziehen – Kritik *an* der Theorie –, andererseits aber lässt sich die Kritik eben auch als Eigenschaft eines theoretischen Diskurses verstehen. Beides bedingt sich: Die Kritik an der Theorie ist immer auch eine Theorie der Kritik. Adorno und Horkheimer verstehen sich als Verfechter der Aufklärung, wenngleich ihre

Beschreibung der instrumentellen Vernunft und ihrer Geschichte darauf zielt, auch den planmäßigen Massenmord im Dritten Reich als eine Folge der Aufklärung zu begreifen. In ihrer 1947 erstmals in Amsterdam erschienenen Schrift geht es auch um die Frage, warum Auschwitz nicht zu verhindern war in einem Land, das einst für die Aufklärung stand. Ihre These ist, dass der systematische Massenmord durch die Nationalsozialisten ohne rationales Kalkül nicht möglich gewesen wäre, wenngleich es im Programm der Aufklärung doch darum ging, mündige Bürger zu erziehen. Als Aufklärungskritik aber ist auch die *Dialektik der Aufklärung* ein Versuch, die Entwicklung der Vernunft in Form einer kritischen Theorie voranzubringen. Da es keinen Standort außerhalb der Geschichte gibt, bleibt der Philosophie nur, die Geschichte der Vernunft zu reflektieren, auf die sie sich beruft, die Vernunft einzusetzen, um die Vernunft zu kritisieren.

Auch in weiteren Schriften Adornos ist das Verhältnis von Subjekt und Objekt eine wichtige Leitdifferenz, ein für Adorno typisches Argumentationsmuster. Sein *Essay als Form* etwa ist hierfür ein programmatisches Beispiel, eine Art philosophische Poetik, die Adorno ihrerseits philosophisch begründet. Sein Essay über den Essay ist eine Kritik an der Kritik, eine Reflexion der Form von Kritik, ohne dass Adorno dafür eine Metatheorie entwickeln würde. Die strenge Unterscheidung von wissenschaftlichen (und philosophischen) Traktaten und literarischen Essays will Adorno überwinden, darum aber seine eigene Schrift nicht zu einer literarischen Form von Philosophie werden lassen. Der Essay ist Adorno zufolge keine Literatur, er entzieht sich überhaupt jeglicher Form der Kategorisierung, weil er der Unterscheidung von Literatur und Wissenschaft vorausgeht. Der Essay wendet sich gegen die Begriffssprache, die ihrerseits schon ein Ausdruck jener Spaltung ist, die Adorno und Horkheimer in der *Dialektik der Aufklärung* beschreiben. Der

Essay soll sich aber folglich nicht auf künstliche Weise literarisch geben, denn als bloße Schmuckform würde er seinen kritischen Gehalt und Anspruch suspendieren. Der gelungene Essay gibt Adorno zufolge einer Denkbewegung Ausdruck, die sich der linearen Argumentationsform und den Begriffshierarchien ebenso zu entziehen weiß wie einer rein poetischen Sprache. Als eine Art sekundärer Text lässt sich der Essay bewusst auf die Terminologie seines Gegenstandes ein, um deren Bedeutung mit den Mitteln der Dialektik zugleich infrage zu stellen. Konkret heißt das: Kein Satz ohne Gegensatz, keine Formulierung, die Adorno nicht wieder zurücknähme. Der Essay analysiert das Denken, indem er Begriffsbildungen nachspürt, um die Mechanismen der instrumentellen Vernunft bloßzulegen und zugleich eine Form zu entwickeln, die sich dem zweckgerichteten Gebrauch verweigert. Der Essay, so Adorno, »ist, was er von Beginn an war, die kritische Form par excellence; und zwar, als immanente Kritik geistiger Gebilde, als Konfrontation dessen, was sie sind, mit ihrem Begriff, Ideologiekritik« (Adorno 1958/1991, 27).

Das prominenteste Beispiel für diese essayistische Argumentationsstrategie ist der meist nur verkürzt zitierte Satz aus Adornos *Kulturkritik und Gesellschaft*: »Kulturkritik findet sich der letzten Stufe der Dialektik von Kultur und Barbarei gegenüber: nach Auschwitz ein Gedicht zu schreiben ist barbarisch, und das frißt auch die Erkenntnis an, die ausspricht, warum es unmöglich ward, heute Gedichte zu schreiben.« (Adorno 1951/1991, 31) In der Regel wird von diesem Satz nur der erste Teil wiedergegeben – »nach Auschwitz ein Gedicht zu schreiben ist barbarisch« – und damit zu einem Schreibverbot vereinfacht. Ohne den zweiten Satzteil ist der Gedanke Adornos jedoch unvollständig, denn genau hier wird gesagt, dass seine Formulierung im ersten Teilsatz ebenso »barbarisch« ist: Es gibt keinen Standpunkt außerhalb der Geschichte, die Vernunft kann sich nur kritisch reflektieren, wenn sie dies einbekennt. Die Kritik an der instrumentellen Vernunft muss sich stets bewusst sein, dass sie die instrumentelle Vernunft nur überwinden kann, wenn sie eine Form findet, die den Absolutheitsanspruch aufgibt. Der Essay ist die Form, in der eine solch kritische Kritik zum Ausdruck kommen kann. Wenn die Spaltung von Wörtern und Dingen, von Subjekten, Gesellschaftsklassen und der Kunst am Beginn der Geschichte steht, dann versucht der Essay diese Differenz nicht einfach zu überwinden oder zu ignorieren. Im Gegenteil: Der Essay versucht den Gegensatz so in Bewegung zu bringen, dass er jegliche Form der begrifflichen Abgrenzung als Abgrenzung entlarvt. Der Essay muss nach Adorno darauf verzichten, sein Argument in einer These oder Konklusion zu sammeln, denn genau damit würde er in die Logik des wissenschaftlichen Argumentierens zurückfallen, die er aufzuheben versucht.

Als Programmschrift zu Beginn seiner *Noten zur Literatur* begründet Adorno in seinem *Essay* auch seine Lesart von Dichtung. Die Literaturkritik ist von der Orientierung an den begrifflichen Vereinfachungen der instrumentellen Vernunft nicht ausgenommen. Fragt man nach dem intentionalen Gehalt eines Textes, so setzt man eine absichtsvolle und willentliche Äußerung und damit auch eine Ordnung der Vernunft voraus, die Adorno gerade unterwandern will. Das Kunstwerk ist nur dann Kunstwerk, wenn es über das bloß Subjektive hinausgeht und etwas Allgemeinem zum Ausdruck verhilft; jeder willentliche Versuch, eine Aussage zu treffen, sich in Form literarischer Texte in bestimmter Absicht zu engagieren, reproduziert nur, was er abzuschaffen hofft. In *Lyrik und Gesellschaft* beschreibt Adorno 1957 daher das Ideal einer rein subjektiven Kunst, die sich jeder Aussage und referenziellen Bezugnahme enthält:

> »Die höchsten lyrischen Gebilde sind darum die, in denen das Subjekt, ohne Rest von bloßem Stoff, in der Sprache tönt, bis die Sprache selber laut wird. Die Selbstvergessenheit des Subjekts, das der Sprache als einer objektiven sich anheimgibt, und die Unmittelbarkeit und Unwillkürlichkeit seines Ausdrucks sind dasselbe: so vermittelt Sprache Lyrik und Gesellschaft im Innersten. Darum zeigt Lyrik dort sich am tiefsten gesellschaftlich verbürgt, wo sie nicht der Gesellschaft nach dem Mund redet, wo sie nichts mitteilt, sondern wo das Subjekt, dem der Ausdruck glückt, zum Einstand mit der Sprache selber kommt, dem, wohin diese von sich aus möchte.« (Adorno 1957/1992, 56)

Ebenso wie der Essayist sich eine Gegenposition zu der von ihm kritisierten Theorie untersagt, weil er auf diese Weise an der falschen Theorie partizipieren und sie somit auch bekräftigen würde, kann sich der literarische Text nicht engagieren, ohne seine bessere Absicht zu verraten. Deshalb sind für Adorno Texte paradoxerweise dann am aussagefähigsten, wenn sie sich einer klaren Aussage verweigern, bei Kafka und Beckett zum Beispiel. Je »subjektiver« Dichtung wird, je mehr sie sich auf das Eigene konzentriert, umso authentischer bringt sie nach Adorno etwas Allgemeines zum Ausdruck: In Becketts Prosa zeigt sich ein Zustand der Entfremdung, wie er sonst nicht beschrieben werden könnte. Auch hier denkt Adorno dialektisch. Der Ausdruck von etwas gelingt vor allem mittels seiner Negation, die entfremdete Gesellschaft lässt sich nicht direkt beschreiben, aber ein Gedicht, das jeglichen Weltbezug verweigert, vermag diese Entfremdung zur Sprache zu bringen. Daraus folgt aber auch, dass literarische Texte einer »Überinterpretation« bedürfen, denn ihre Lesart kann sich offenkundig nicht von den Aussagen des Textes leiten lassen. Statt nach der Intention des Autors zu fragen, die selbst schon ein Ausdruck der Absicht, der instrumentellen Vernunft wäre, geht Adorno über die Texte hinaus, um ihnen einen Bezug zur Gesellschaft und Geschichte abzulesen, den sie selbst möglicherweise nicht einmal andeuten. Adornos Kommentare sind gezielte »Überinterpretationen«, die auch rhetorisch immer demselben Muster folgen: Extreme Subjektivität wird zum Ausdruck eines objektiven Zustands.

Dieser Bezug ergibt sich, weil Adorno die literarischen Texte vor allem im Hinblick auf ihre Zeichentheorie liest – sie verweisen auf nichts außerhalb ihrer selbst, sondern auf die Sprache, die sie sprechen. Und in dieser Sprache wiederum lagern sich die gesellschaftlichen und historischen Erfahrungen ab. Literarische Texte, so Adornos Ideal, sind gewissermaßen ihrerseits in Opposition zur Gesellschaft, aus der sie stammen; und diese Opposition können Kunstwerke nur bewahren, wenn sie sich selbst reflektieren und von jeder Form der referenziellen Bezugnahme absehen. Literatur ist die selbstreflexive Opposition zur Gesellschaft. Der gelungene literarische Text enthält sich der Aussage und Parteinahme, er engagiert sich nicht, seine Sprache ist kein Kommunikationsmittel, kein Medium der Mitteilung, sondern ihrerseits der Gegenstand. Literarische Texte erinnern daran, dass die Sprache auf Zeichen angewiesen ist, die austauschbar sind und zirkulieren wie die Objekte der kapitalistischen Warenwelt. Ihr ursprünglicher Bedeutungszusammenhang ist verloren. Auch in diesem Sinne ist Homers *Odyssee* für Adorno ein Gründungstext: Literatur gibt es nur aufgrund der Schrift, in der sich eine ursprünglich mündliche Tradition nicht ungebrochen bewahren lässt. Kafka und Beckett etwa erinnern mit ihren Texten daran, dass sie auf Zeichen angewiesen sind, die es nur aufgrund einer Trennung von ihren Bedeutungen gibt.

Adornos Beschreibung der Zeichen und ihrer Geschichte ist aber nicht zu verwechseln mit einem semiotischen Sprachmodell. Zwischen Signifikanten und Signifikaten unterscheidet Adorno nicht, lediglich die Abspaltung der sprachlichen Zeichen von ihren Referenten wird bei ihm zur historischen Zäsur. Adornos Schriften liegt ein Sprachmodell zugrunde, das man mit dem der frühen Hermeneutik vergleichen könnte, zumal er sich in seiner Argumentation stets an der Gegenüberstellung von Subjekt und Objekt orientiert. Dies ist die ursprüngliche Trennung, die sich mit Odysseus' List vollzieht und die seither das Denken des Abendlands prägt. Die subjektive Kunst spiegelt die objektiven Zustände der Gesellschaft, nicht weil sie deren Missstände direkt bezeichnen würde, sondern weil sich in der Sprache selbst die Entfremdung des Individuums von seiner Umwelt zeigt. Während Adorno zufolge die Sprache der Literatur das gesellschaftlich Objektive am authentischsten zum Ausdruck bringt, wenn sie sich jeglicher Referenz enthält und allein auf sich selbst bezieht, sind die Kommentare Adornos ihrerseits als »Überinterpretationen« stets Ausdruck einer Referenzialisierung. Die sich selbst reflektierende, den Bezug verweigernde Sprache wird von Adorno auf den abstrakten Gesamtzusammenhang der Gesellschaft bezogen, das einzelne Werk ist in seiner Lesart stets eingebunden in einen objektiven Kontext, wenngleich es ihn selbst nicht bezeichnet. Zwar lehnt Adorno die engagierte Literatur ab, seine Kommentare und Überinterpretationen indes sind auf eigene Weise engagiert, insofern sie den Zusammenhang mit dem Gesellschaftlichen auch dann suchen, wenn die literarischen Texte sich nicht absichtsvoll an einem politischen oder sozialkritischen Diskurs beteiligen. Implizit sind sie für Adorno stets als subjektiver Ausdruck eines objektiv Allgemeinen lesbar.

In der Systemtheorie Niklas Luhmanns (1927–1998), die wir hier als zweites Beispiel einer Gesellschaftstheorie vorstellen, ist diese Gegenüberstellung von Kunst und Gesellschaft aufgehoben:

»Gegen Adorno gewendet, geht es [...] nicht um ›Verselbständigung der Gesellschaft gegenüber‹, sondern um *Verselbständigung in der Gesellschaft*; und wir sehen die Gesellschaftlichkeit der Kunst auch nicht in einer Negativität, in einer ›Gegenposition zur Gesellschaft‹, sondern darin, daß die Freisetzung für eine spezifische Funktion nur als *Vollzug der Gesellschaft* möglich ist. Entsprechend ist die in der Neuzeit erreichte Autonomie der Kunst auch nicht etwas, was der Abhängigkeit von Gesellschaft widerstreitet; nichts, was die Kunst in ein hoffnungsloses Abseits treibt. Im Gegenteil: die Kunst teilt das Schicksal der modernen Gesellschaft gerade dadurch, daß sie als autonom gewordenes System zurechtzukommen sucht.« (Luhmann 1986/2008, 142)

Luhmann gründet seine Theorie der Gesellschaft auf ein ganz anderes begriffliches Paradigma. Unterscheidungen von Subjekt und Objekt, dem Individuellen und dem Allgemeinen, gehören Luhmann zufolge einer historischen Semantik an, von der sich seine Systemtheorie gelöst hat. Die Gesellschaft setzt sich bei Luhmann nicht aus Individuen und Akteuren zusammen, sie besteht einzig aus Kommunikation. Anthropologische oder humanistische Prämissen, wie sie bei Adorno immer wieder zum Vorschein kommen, sind damit aufgehoben, denn auch die Kommunikation ist nicht an ein Subjekt gebunden. Vielmehr sind Kommunikationsakte, ohne die es keine Gesellschaft geben könnte, als System zu begreifen, das sich in Teilsystemen historisch weiter ausdifferenziert. Die Kunst ist ein System *innerhalb* des Systems der Gesellschaft, folglich ihr auch nicht entgegengesetzt, sondern umgekehrt nur als eine Form der Ausdifferenzierung zu begreifen. Der Unterschied zwischen Luhmann und Adorno ist nicht so sehr inhaltlicher als vielmehr formaler Art, Luhmanns Systemtheorie ist eine Metatheorie, die Adornos Ästhetik beobachten kann. Während Adorno auf der Grundlage einer Unterscheidung argumentiert, die er selbst nicht infrage stellt – die Gegenüberstellung von Subjekt und Objekt –, beansprucht Luhmann eine Position, von der aus sich eine Unterscheidung wie die Adornos beschreiben lässt. Adornos Ästhetik und die *Dialektik der Aufklärung* sind im Selbstverständnis Adornos aufklärerische Projekte. Bei Luhmann hingegen ist der Humanismus dieser Epoche historisch geworden und reicht für eine Beschreibung der Gesellschaft in der Moderne nicht mehr hin. Als Teilsystem der Gesellschaft funktioniert die Kunst nicht anders als die Gesellschaft selbst.

Systeme basieren, wie im Hinblick auf Luhmanns Essay *Zeichen als Form* bereits angedeutet, auf einer Unterscheidung, die sie als Grundlage ihrer Beobachtungen nicht selbst beobachten können. Dazu bedarf es eines Beobachters zweiter Ordnung, der sich wiederum an einer anderen Unterscheidung orientieren muss, die im blinden Fleck seiner Wahrnehmungen liegt. Erst für einen Beobachter dritter Ordnung wird die auf der zweiten Ebene angewendete Unterscheidung sichtbar. Auf die Geschichte der Kunst bezogen: Die vormoderne Kunst basiert auf der Beobachtung erster Ordnung, sie hat ein mimetisches Verhältnis zur Welt und zu den Objekten. Der Übergang zur modernen Kunst um 1800 in der Epoche der Romantik hingegen vollzieht sich als Übergang zu einem Beobachtungssystem zweiter Ordnung. Traditioneller formuliert: Die mimetische Kunst orientiert sich am Inhalt, die Kunst der Romantik mehr an der Form; sie orientiert sich nicht mehr an der Welt, sondern beginnt sich selbst und ihre eigenen Wahrnehmungen zum Thema zu machen. In seinem Essay *Weltkunst* beschreibt Luhmann diesen Prozess auf paradoxe Weise zunächst als einen Verlust der Einheit der Welt. Indem sich die Kunst von der unmittelbaren Beobachtung der Dinge löst und auf sich selbst zu besinnen beginnt, wird die Welt zur Voraussetzung der Kunst. Die Unterscheidung der Kunst als autonomes System ist nur dann möglich, wenn sie sich von einer unbestimmten Umwelt unterscheidet. Auf der Ebene der Beobachtung erster Ordnung ist die Welt Objekt, auf der Ebene der Beobachtung zweiter Ordnung ist die Welt Unterscheidung und somit rein funktional bestimmt. (Luhmann 1990/2008, 190 ff.)

Luhmanns Beschreibung des Zeichens als Form hat dies in vergleichbarer Weise zum Ausdruck gebracht. Mit der Einführung einer semiotischen Ordnung ist eine Unterscheidung vom Referenten als reales Objekt notwendig. Und weil die Welt als solche aus dem System heraus nicht verfügbar und erreichbar ist, weil es keinen Übertritt über die Grenze geben kann, die das Zeichen allererst konstituiert, ist der Referent kein reales Objekt mehr, sondern nur als Referenzialfunktion zu verstehen: Es gibt keine Möglichkeit, Referenten als reale Objekte zu beobachten, lediglich innerhalb eines Systems kann man Selbstreferenzialität und Fremdreferenzialität unterscheiden. Auch Luhmanns Systemtheorie grenzt sich von einer Umwelt, von Referenten und einem unbestimmbaren Außen ab, obwohl die Welt doch die Voraussetzung für das in sich geschlossene System der Kunst ist. »Weltkunst« repräsentiert nicht, sondern ist eine Setzung. (213)

Die Autonomie der Kunst, so Luhmann, verdanke sich der Doppelung von erster und zweiter Ordnung: »Sie besteht im Praktizieren dieser Differenz und in der Möglichkeit, aus der einen in die andere Position zu schlüpfen. Nur so kann die Kunst ihre kosmologischen und ihre gesellschaftlichen Abhängigkeiten kappen und ihre Welt mit Hilfe ihrer Unterscheidungen konstruieren.« (220) Auch wenn die Kunst ihre eigenen Wahrnehmungen zu beobachten beginnt, die Ebene der mimetischen Welt-Beobachtung bleibt für sie verfügbar. Im Roman beispielsweise kann sich der Erzähler zurückziehen, seine Figuren dem Geschehen überlassen, und die Ereignisfolge bringt noch immer seine Gliederung und Ordnung zum Ausdruck. Während diese Unterscheidung aber innerhalb eines literarischen Werkes selbst getroffen wird, ist eine Unterscheidung dritter Ordnung auf der Ebene einer ästhetischen Theorie notwendig, um die Art und Weise der Selbstbeobachtungen im Roman zugänglich zu machen, wenn man zum Beispiel die Stile der Kunst historisch vergleicht (221); oder aber als Beobachtung dritter Ordnung beschreibt, wie die Kunst sich ab einem bestimmten Zeitpunkt in der Geschichte stets am sogenannten »Neuen« orientiert hat, um nur das als Kunst wahrzunehmen, was originell ist und sich von bereits existierenden Werken unterscheidet. Es ließen sich weitere Unterscheidungen denken, an denen sich eine Beobachtung dritter Ordnung orientieren könnte, und auch dies ist kennzeichnend für die Systemtheorie: Sie kann mit ihrer Form der Betrachtung eben auch nahelegen, dass die Ausrichtung am Neuen keineswegs alternativlos ist.

Adornos Kritischer Theorie fehlt diese Form der Abstraktion. Sie vollzieht sich in der Anwendung stets ähnlicher Unterscheidungen, die Adorno nicht eigens hinterfragt. Seine Kommentare zu Kunst und Literatur entsprechen deshalb immer einer bestimmten Haltung, seine Interpretationen folgen einer Tendenz und einer kritischen Absicht. Mit der Systemtheorie Luhmanns distanziert sich der Beobachter von dieser kritischen Funktion der Literatur, kann aber andererseits die Kritik als Funktion der Literatur beobachten, oder genauer mit Luhmann:

»Nach allem, was gesagt worden ist, kann es in der Kunst also nicht darum gehen, die Welt besser zu beobachten, als dies auf andere Weise, etwa wissenschaftlich, möglich ist. Jede solche Auffassung müßte sich zur Ontologie einer vorhandenen Welt bekennen, die mit einem zweiwertigen, sei es logischen, sei es ästhetischen, Schematismus beobachtet wird [...]. Wir verstehen unter ›Weltkunst‹ nicht eine Kunst, die die Welt auf überlegene Weise repräsentiert, sondern eine Kunst, die die Welt beim Beobachtetwerden beobachtet und dabei auf Unterscheidungen achtet, von denen abhängt, was gesehen und was nicht gesehen werden kann. Nur so kann für Fiktionalität das Recht zu eigener Objektivität reklamiert werden, und nur so kann der realen Realität des Üblichen eine andere Realität gegenübergestellt werden.« (238 f.)

Diese Funktion aber kann die Literatur nur erfüllen, wenn sie sich nicht am Referenten orientiert, sondern an der Unterscheidung, die sie von einer Umwelt der realen Objekte trennt. Bei Luhmann, heißt das, ist das Verschwinden der Referenz kein Verlust, sondern die Bedingung der Möglichkeit, Unterscheidungen einzuführen und zu beobachten. Anders bei Adorno: Die Abspaltung der Zeichen von ihren Referenten erzeugt eine Kluft, auf die sich seine Argumentation immer wieder bezieht. Eine Literaturwissenschaft nach Adorno orientiert sich an der kritischen Funktion der Literatur, weil sie immer auf diese Differenz bezogen bleibt. Mit Luhmann hingegen können wir Literatur als System beschreiben, das nicht anders funktioniert als die Gesellschaft, die es hervorbringt.

Claude Lévi-Strauss, Clifford Geertz: Kultur

Die in den ersten beiden Kapiteln dargestellten theoretischen Paradigmen, hermeneutische und strukturalistische Theorien, sind auch für die methodische Selbstbestimmung der Ethnografie grundlegend. Für die Geschichte der Hermeneutik scheint dies weniger überraschend, erschließt doch die Hermeneutik mit ihren Erweiterungen des Horizonts immer neue Kontexte. Die Hermeneutik scheint sich allein darum auch als ethnografische Methode anzubieten, weil sich ihr Begriff des Textes auf die Kultur als Ganzes übertragen lässt. Metaphern wie Gespräch, Einfühlung und Horizont bekommen in der hermeneutischen Ethnografie nur eine ungleich konkretere Bedeutung. Doch fraglich ist, ob die hermeneutische Ethnografie mit diesem begrifflichen Instrumentarium *andere* Kulturen verstehen kann. Die hier vorgestellte hermeneutische Ethnografie zumindest konzentriert sich weniger auf das schlechthin Unbekannte als vielmehr das Eigene, die Methode nämlich, mit der sie das vermeintlich Andere in ihren Verstehenshorizont rücken kann. Obwohl es naheliegend scheint, bricht in die hier ausgewählten Konzepte der Referent nicht ein.

Nicht anders ist es in der strukturalen Ethnografie. Claude Lévi-Strauss (1908–2009) etwa, ihr wichtigster Vertreter, passt seine Definition der Kultur seinem methodischen Paradigma an, wenn er sich vor allem auf mythische Texte anderer Kulturen bezieht. Über den Begriff der Struktur in der Ethnografie schreibt Lévi-Strauss: »Das Grundprinzip ist, daß der Begriff der sozialen Struktur sich nicht auf die empirische Wirklichkeit, sondern auf die nach jener Wirklichkeit konstruierten Modelle bezieht.« (Lévi-Strauss 1958/1977, 301) Die Fülle des empirischen Materials, gesammelte Mythen beispielsweise, untersucht Lévi-Strauss anhand eines Strukturmodells auf Gemeinsamkeiten und Differenzen. Im Unterschied zur Feldforschung und »reinen Beschreibung« (299) verfährt die strukturale Ethnografie also nicht induktiv, vom Einzelfall zum Allgemeinen, von der Beobachtung zur Theorie, sondern deduktiv: Ein vorab entworfenes Struktur-Modell ist die Beschreibungsgrundlage für die Beispiele. Für Lévi-Strauss ist folglich die konkrete Feldforschung, so haben auch viele seiner Kritiker angemerkt, gar nicht ausschlaggebend, im Gegenteil: »Ich verabscheue Reisen und Forschungsreisende«, schreibt er zu Beginn seiner *Traurigen Tropen.* »Für das Abenteuer gibt es im Beruf des Ethnologen keinen Platz; es ist für ihn nichts weiter als ein Zwang, dem er sich unterwerfen muß; es beeinträchtigt seine Arbeit durch das Ungemach verlorener Wochen oder Monate, vieler Stunden, die müßig vergehen, weil der Informant sich davonschleicht; durch Hunger, Müdigkeit, manchmal auch Krankheit; und fast immer durch jene tausend Beschwerlichkeiten, die so sinnlos die Tage beschneiden und das gefahrvolle Leben im Urwald in eine Art Militärdienst verwandeln.« (Lévi-Strauss 1955/1998, 9f.)

Bildbände und Reisebücher mit Exotika aus Amazonien, Tibet und Afrika »überschwemmen die Buchläden« mit »Effekthascherei«. Doch obgleich sich Lévi-Strauss von der Literarisierung des ethnografischen Forschungsberichts zu distanzieren scheint, auch seine *Traurigen Tropen* sind ein poetologisches Buch, ein Versuch, die Forschungsmethode unmittelbar mit der Form ihrer Darstellung zu verknüpfen. Clifford Geertz (1926–2006) jedenfalls beobachtet bei Lévi-Strauss die Nachwirkung des Symbolismus und beschreibt den ethnografischen Text *Traurige Tropen* als eine Form des Romans. (Geertz 1988)

Diese Aufmerksamkeit für die eigenen Darstellungsformen scheint auch der ethnografischen Hermeneutik meist wichtiger als die eigentliche Begegnung mit dem Fremden. Die Ethnografie reflektiert das Schreiben der Kultur, und damit ist ihre eigene Schreibform gemeint; von Referenten ist in ihren Texten keine Rede. Geertz bezeichnet seine eigene Poetik der Ethnografie als »dichte Beschreibung«, als eine Form der Hermeneutik, die sich an zwei Vorbildern orientiert. Er zitiert sowohl Wilhelm Dilthey als auch Paul Ricœur, um sein Beschreibungsmodell einerseits als eine Theorie der Erfahrung, andererseits aber als konkretes Textmodell zu definieren. Nur von Diltheys psychologischer Einfühlung distanziert er sich: »Wenn wir auf der strengen Forderung beharren, die Dinge aus der Perspektive des Eingeborenen zu betrachten – was wir meiner Meinung nach müssen –, wie stellt sich dann unsere Position dar, wenn wir nicht länger eine einzigartige psychologische Nähe oder eine Art transkultureller Identifikation mit unserem Gegenstand beanspruchen können? Was wird aus dem *Verstehen*, wenn das *Einfühlen* entfällt?« (Geertz 1977/1987, 290)

Geertz beabsichtigt durchaus ein »Hineinversetzen« in die »Eingeborenen«, aber nicht aufgrund einer Psychologie und Teilhabe am Gedankenleben der beobachteten Personen. Die Grundlage des Verstehens ist seine Definition der Kultur als Text, eine, wie Geertz schreibt, »semiotische« Definition. Kultur sei ein »selbstgesponnenes Bedeutungsgewebe«, das nach einer entsprechenden Untersuchungsmethode verlange: »keine experimentelle Wissenschaft, die nach Gesetzen sucht, sondern eine interpretierende, die nach Bedeutungen sucht. Mir geht es um Erläuterungen, um das Deuten gesellschaftlicher Ausdrucksformen, die zunächst rätselhaft scheinen.« (9)

Geertz' gleichzeitige Orientierung an den Hermeneutiken Diltheys und Ricœurs ist nur darum möglich, weil er auf eine psychologische Einfühlung im Sinne Diltheys verzichtet, zudem aber auch Ricœurs Textmodell vereinfacht. Bei Geertz finden sich keine detaillierten Beschreibungen des Textes und seiner Bedeutungsproduktion; dass die Kultur einem Text gleicht, ist eher ein metaphorischer Ausdruck, den er auf seinen Gegenstand projiziert. Die Zeichen dieses kulturellen Gewebes sind »symbolische Handlungen oder Bündel von symbolischen Handlungen« (Geertz 1973/1987, 37), der kulturelle Text besteht aus Bedeutungen, die nicht noch einmal eigens aufgeschlüsselt werden in Signifikanten und Signifikate. Um einen semiotischen Kulturbegriff handelt es sich folglich nicht. Vielmehr argumentiert Geertz auf der Grundlage einer einfachen Opposition von Zeichen und Bedeutung, die als zweigliedriges Modell schließlich auch die Frage nach der Referenz beiseite lässt. Bedeutungen sind der eigentliche Gegenstand seiner Analyse, weil sie gleichsam an die Stelle des Realen rücken; die Wirklichkeit *ist* eine Welt von Bedeutungen.

Wenn Geertz die Perspektive von Eingeborenen einnehmen will, geht es also nicht um eine Einfühlung in das fremde Individuum, sondern um ein Verständnis der Handhabungen ihrer

Symbole. Die Kultur besteht nicht aus den Absichten Einzelner, sondern aus Deutungsmustern, in denen die Kultur sich selbst beschreibt. Die »Daten« des Ethnologen sind »in Wirklichkeit unsere Auslegung davon [...], wie andere Menschen ihr eigenes Tun und das ihrer Mitmenschen auslegen« (14).

Geertz' Forschung basiert nicht auf Beobachtungen, sondern auf Interpretationen und wurde folglich auch als *interpretive turn* benannt (Bachmann-Medick 2006, 59). Sie interpretiert, und Gegenstand ihrer Interpretationen sind ihrerseits Interpretationen: »Schon auf der Ebene der Fakten, dem unerschütterlichen Felsen des ganzen Unternehmens (wenn es den überhaupt gibt), erklären wir, schlimmer noch: erklären wir Erklärungen.« (14 f.) Um eines der am häufigsten zitierten Beispiele von Geertz zu erwähnen: Drei Jungen stehen zusammen und bewegen blitzschnell ihre Augenlider. Obwohl sich ihr Blinzeln auf den ersten Blick nicht unterscheidet, meint es bei jedem dieser Jungen doch etwas anderes. Der eine zuckt mit den Augen reflexartig, der zweite zwinkert, der dritte macht vielleicht die anderen beiden nur nach. Die Lidbewegung hat an sich keine feste Bedeutung. Ein Beobachter kann nun entweder die Augenbewegungen festhalten oder aber den Unterschied ihrer Bedeutungen zu erschließen versuchen. In Geertz' Ethnografie geht es um Letzteres, die Semantik kultureller Handlungen, um die Konnotation von Zeichen. Anders als der Strukturalismus betrachtet Geertz Zeichen nicht auf der Grundlage einer Denotation, ihrer vermeintlich eindeutigen und buchstäblichen Bedeutung, sondern stets als Zeichenkomplexe. Die Beziehung von Signifikanten und Signifikaten ist in seiner Kultursemiotik daher nicht erheblich. Geertz beschreibt nicht die Genese und Konstruktion von Bedeutungen, sondern nimmt sie als gegebenes Material, deren Semantik vom Interpreten gedeutet werden muss.

Eine »dichte Beschreibung« der Kultur sei nun notwendig, um die Kontexte zu erschließen, in denen der bedeutungsvolle Gebrauch von Zeichen verstehbar wird. Um es im Vergleich mit Ricœur zu formulieren: Während bei der Interpretation eines Textes die Bedeutung einer Metapher innerhalb der Textgrenzen verständlich wird, muss der Ethnologe einen kulturellen Kontext mittels einer dichten Beschreibung herstellen, um die von ihm beobachteten Symbole deuten zu können. Das Ganze des hermeneutischen Zirkels, von dem aus sich die Bedeutung des einzelnen Symbols ergibt, ist dem Ethnografen nicht von Beginn an gegeben. Er interpretiert Interpretationen und verfasst eine Deutung zweiter oder dritter Ordnung. Verstehen heißt also, das Selbstverständnis und die Selbstverständigung einer Kultur beschreiben können. Gegenstand des Ethnografen sind Bedeutungen, die in einer exemplarischen Situation beobachtbar werden. Anders als bei Lévi-Strauss – und wie bei Ricœur – handelt es sich bei der hermeneutischen Ethnografie um die Auslegung einer *parole*.

Wie im ersten Kapitel ausführlich dargestellt, ist in der Geschichte der Hermeneutik nicht immer ersichtlich, welche methodischen Schritte aus der Theorie des Verstehens folgen sollen. Geertz dehnt sein Textmodell auf nicht-sprachliche Phänomene aus, und so evident dies auch zu sein scheint, er droht dabei die Grundlage der Interpretation zu verlieren, die Ricœur seiner Hermeneutik mit der Metaphern-Theorie sichert. Umso häufiger ist zu beobachten, dass Geertz auf Analogien zurückgreift, um seine eigene Position zu bestimmen. Die Literatur ist sein bevorzugtes Beispiel. Ein Hahnenkampf auf Bali etwa, Gegenstand seiner wohl berühmtesten ethnologischen Fallstudie, sei eine »Kunstform« (Geertz 1972/1987, 246), deren Funktion Geertz mit der eines Shakespeare-Stücks in der westlichen Kultur vergleicht. Die ethnologische Interpretation ähnelt dem »Durchdringen eines literarischen Textes«, Kultur sei nichts anderes als eine »Montage« von Texten. (255) »Das Verstehen dessen, was im Innern von Eingeborenen (um dieses gefährliche Wort noch einmal zu gebrauchen) vor sich geht, gleicht eher dem richtigen Erfassen eines Sprichworts, dem Begreifen einer Anspielung oder eines Witzes oder, wie ich vorgeschlagen habe, dem Lesen eines Gedichtes als einer mystischen Kommunikation.« (309) Literatur und ihre Interpretation dienen Geertz also offenkundig als Modell.

Fraglich bleibt daher jedoch, ob der Einsatz einer entsprechenden Metaphorik – Kultur als Text – hinreichend ist, um das methodische Vorgehen im ethnografischen Feld zu charakterisieren. Mit seinen Metaphern stellt Geertz Nähe her, das schlechthin Andere macht er zum lediglich Fremden, das in Reichweite des eigenen kulturellen Horizonts liegt. Umso wichtiger ist für seine Ethnografie die Selbstbeschreibung des Ethnografen, die Reflexion seiner Verfahren und Herstellungsweisen des Wissens über das Fremde, genauer: die Theorie seiner Aufzeichnung. »Merkmal« der ethnografischen Beschreibung sei es, dass sie »deutend« ist und »das, was sie deutet, [...] der Ablauf des sozialen Diskurses ist«. Die Deutung versuche, »das ›Gesagte‹ dem vergänglichen Augenblick zu entreißen« (Geertz 1973/1987, 30). Mit dieser Deutung aber meint Geertz nichts anderes als die konkrete Formulierung eines ethnografischen Textes, der Bedeutungen zum Gegenstand hat. Seine Theorie der ethnografischen Beschreibung ist poetologisch, insofern sie die Ethnografie ganz wörtlich nimmt: als das Schreiben einer Kultur. Die »dichte Beschreibung« erklärt weniger das Erklären einer ethnografischen Situation als vielmehr die Verfertigung eines sekundären, ethnologischen Textes, der sich mit der Deutung von Bedeutungen befasst – und damit die Kultur allererst herstellt, die ihr Gegenstand ist: »Kurz, ethnologische Schriften sind selbst Interpretationen und obendrein solche zweiter und dritter Ordnung. (Nur ein ›Eingeborener‹ liefert Informationen erster Ordnung – es ist *seine* Kultur.) Sie sind Fiktionen, und zwar in dem Sinn, daß sie ›etwas Gemachtes‹ sind, ›etwas Hergestelltes‹ – die ursprüngliche Bedeutung von *fictio* –, nicht in dem Sinne, daß sie falsch wären, nicht den Tatsachen entsprächen oder bloße Als-ob-Gedankenexperimente wären.« (22f.)

In der Hermeneutik Diltheys war von der kongenialen Beziehung des Interpreten zum Autor die Rede, der Interpret fühlte sich in die Schöpfungen ein, ahmte nach. Die Hermeneutik Ricœurs und auch die von Geertz befreien sich vom Geniegedanken und versuchen das Verstehen von Bedeutungen allein auf der Grundlage von Texten zu erklären. Das hat bei Geertz jedoch auch zur Folge, dass der Text des Interpreten in den Vordergrund rückt, zumal die von ihm interpretierte Kultur ja aus Bedeutungen besteht, die sich in nicht-sprachlichen Zeichen kundtun. Erst in der Niederschrift zeigt sich das ganze Handwerk des Ethnografen. Folglich sind in den Schriften von Geertz jene Texte, in denen er eine ethnografische Situation beispielhaft erörtert, nicht weniger bedeutsam als seine theoretischen Essays. Überspitzt formuliert, ersetzen die Beispiele bei Geertz die fehlende Methodik. Die Kontextualisierung der Hermeneutik im Feld fremder Kulturen führt nicht zu einer Theorie der Referenz, sondern zu einer Theorie ihrer Schreibweisen und Darstellungsformen.

Ethnografische Theorien sind demnach poetologische Schriften. James Clifford zufolge ist der ethnografische Text stets »allegorisch« – »auf der Ebene seines Inhalts (in dem, was er über Kulturen und ihre jeweilige Geschichte aussagt) als auch seiner Form (in dem, was durch seine Weise der Textualisierung impliziert ist)« (Clifford 1986/1993, 201). Eines der vorherrschenden Beschreibungsmuster der Ethnografie sei die »Rettungs-Allegorie«, ein narratives Muster, in dem Ethnologen immer wieder als letzte Augenzeugen einer untergehenden Kultur auftreten, um mit ihren Schriften deren Gedächtnis zu bewahren. (223) Die Texte von Geertz wiederum berichten vorzugsweise von abenteuerlichen Erlebnissen, persönlichen Erfahrungen der Fremde, die auf ihre Weise ethnografische Daten erzeugen. Auch hier zeigt sich: Die Narration ist bereits Teil eines Verfahrens, das die Interpretation der anderen Kultur legitimiert und evident erscheinen lässt. Es ist nicht verwunderlich, dass sich ethnografische Texte – als Interpretationen zweiter oder dritter Ordnung – unter dieser Voraussetzung ihrerseits »wie ein Gedicht« oder ein literarisches Werk deuten lassen. In der sogenannten Writing-Culture-Debatte, auch *reflexive* oder *literary turn* genannt (vgl. Bachmann-Medick 2006, 144 ff.), ist genau dies geschehen: Ethnologische Erfahrungsberichte wurden auf ihre Erzählstrategien, auf ihre Konzepte von Autorschaft hin gelesen. Die Writing-Culture-Debatte ist ein Metadiskurs, eine Hermeneutik der hermeneutischen Verfahren.

Wie diese knappen Ausführungen andeuten, orientiert sich die Ethnografie an der Literaturtheorie, um sich selbst zu begründen. Umgekehrt nimmt auch die Literaturwissenschaft ethnografische Diskurse auf, um die eigenen methodischen Herausforderungen am Beispiel des Ethnografen zu beschreiben. Durch den Umweg über die Ethnografie werden Interpretationsverfahren und Deutungspraktiken kritisch auf Distanz gebracht, oder anders: An der Ethnografie lässt sich beobachten, dass die so vertraut erscheinenden Deutungsverfahren sich ihres Gegenstands und Vorgehens keineswegs sicher sein können. Die hermeneutische Ethnografie ist eben auch eine Kritik der Hermeneutik – obwohl sie zugleich deren Universalisierung betreibt, obwohl sie ihren Gegenstand als einen Text beschreibt und sich die fremde Kultur ähnlich macht, indem sie das Augenmerk auf die Herstellungsverfahren ethnografischen Wissens lenkt, auf das Schreiben der Kultur. Die Kultur ist kein Objekt, das man einfach beobachten könnte. Das heißt aber auch: Die hermeneutische Ethnografie dehnt den Text-Begriff aus, um sich letztlich von dem abzugrenzen, was ihre Deutungshoheit gefährden könnte, dem Eindringen des Anderen, des Referenten.

Michel Foucault, Stephen Greenblatt: Geschichte

Zum Zeitpunkt seiner Antrittsvorlesung am Collège de France am 2. Dezember 1970 hatte Michel Foucault (1926–1984) bereits mehrere Professuren innegehabt, für Psychologie ebenso wie für Philosophie. Am Collège de France wird diese Interdisziplinarität institutionalisiert, Foucault erhält einen Lehrstuhl für die Geschichte der Denksysteme. Seine Antrittsvorlesung, *Die Ordnung des Diskurses*, eignet sich als Einstieg in Foucaults Schriften, zumal ihn der Rahmen der Vorlesung verpflichtet, seine eigene Forschungsposition zu umreißen und programmatisch vorzustellen. Seine bis dahin erschienenen Schriften, *Wahnsinn und Gesellschaft* (1961), *Geburt der Klinik* (1963), *Die Ordnung der Dinge* (1966) oder seine *Archäologie des Wissens* (1969), sind oftmals für den Mangel an Methode kritisiert worden. In seiner Antrittsvorlesung hingegen geht es vornehmlich um eine methodische Begründung des Forschungsprogramms an dem Foucault gewidmeten Lehrstuhl. Zugleich aber gibt die Vorlesung eine Vorstellung seiner Arbeit im wörtlichen Sinne: Foucaults Antrittsvorlesung vollzieht seine Theorie performativ. Der Beginn seiner Rede handelt von nichts anderem als der Schwierigkeit zu beginnen – ein erster Kommentar zur Diskursanalyse:

»In den Diskurs, den ich heute zu halten habe, und in die Diskurse, die ich vielleicht durch Jahre hindurch hier werde halten müssen, hätte ich mich gerne verstohlen eingeschlichen. Anstatt das Wort zu ergreifen, wäre ich von ihm lieber umgarnt worden, um jedes Anfangens enthoben zu sein. Ich hätte gewünscht, während meines Sprechens eine Stimme ohne Namen zu vernehmen, die mir immer schon voraus war: ich wäre es dann zufrieden gewesen, an ihre Worte anzuschließen, sie fortzusetzen, mich in ihren Fugen unbemerkt einzunisten, gleichsam, als hätte sie mir ein Zeichen gegeben, indem sie für einen Augenblick aussetzte. Dann gäbe es kein Anfangen. Anstatt der Urheber des Diskurses zu sein, wäre ich im Zufall seines Ablaufs nur eine winzige Lücke, du vielleicht sein Ende.« (Foucault 1972/1996, 9)

Im ersten Satz ist der Diskurs etwas, was »zu halten« ist, der Diskurs als Rede. Doch die grammatikalische Stellung des Subjekts ändert sich bis zum Ende des Absatzes, wo der Sprecher sich »im« Diskurs imaginiert und seine Urheber- und Autorschaft zu bestreiten sucht. Der Diskurs als Rede ist eine herkömmliche Definition, mit der Beschreibung des Diskurses als eine das Subjekt umschließende Formation nähert sich Foucault jedoch seiner eigenen Bestimmung des Begriffs. Diskurse *leiten* die Rede, das Subjekt verschwindet in ihnen. Mit de Saussure entspräche dem Diskurs als Rede die *parole*, dem Diskurs als Regelsystem die *langue*, wobei Diskurse nicht so zeitlos gültig sind wie die Gesetze der Sprache. Diskurse haben begonnen, noch bevor die Rede einsetzt, haben also vor allem eine historische Dimension. Foucault geht es zum einen um die Beschreibung des Diskurses als eine dem Subjekt äußerliche Bedingung, zum anderen aber um die Geschichte der Diskurse, oder anders gewendet: eine diskursanalytische Definition des Historischen.

Obgleich der Begriff des Diskurses am häufigsten mit Foucault in Verbindung gebracht wird, benutzt er ihn vergleichsweise selten. In seiner *Ordnung der Dinge* beispielsweise ist stattdessen von »epistemen« die Rede, den Denksystemen im Zeitalter der Renaissance, der Klassik und im neunzehnten Jahrhundert, die Foucault auf der Grundlage einer Geschichte von Zeichenformen und -praktiken rekonstruiert. Erst in seiner 1969 erschienenen *Archäologie des Wissens* entwickelt Foucault eine methodische und theoretische Reflexion seiner bisherigen Schriften und einen ersten Versuch, seine Theorie des Diskurses allgemeiner zu fassen. In seiner Antrittsvorlesung schließlich fasst er pointiert zusammen:

»Ich setze voraus, daß in jeder Gesellschaft die Produktion des Diskurses zugleich kontrolliert, selektiert, organisiert und kanalisiert wird – und zwar durch gewisse Prozeduren, deren Aufgabe es ist, die Kräfte und die Gefahren des Diskurses zu bändigen, sein unberechenbar Ereignishaftes zu bannen, seine schwere und bedrohliche Materialität zu umgehen. In einer Gesellschaft wie der unseren kennt man sehr wohl Prozeduren der *Ausschließung*. Die sichtbarste und vertrauteste ist das *Verbot*. Man weiß, daß man nicht das Recht hat, alles zu sagen, daß man nicht bei jeder Gelegenheit von allem sprechen kann, daß schließlich nicht jeder Beliebige reden kann. Tabu des Gegenstandes, Ritual der Umstände, bevorzugtes oder ausschließliches Recht des sprechenden Subjekts – dies sind die drei Typen von Verboten, die sich überschneiden, verstärken oder ausgleichen und so einen komplexen Raster bilden, der sich ständig ändert.« (10 f.)

Diskurse sind Kontrollmechanismen, die von keinem Subjekt bestimmt werden, sondern umgekehrt das Subjekt unterwerfen und, radikaler noch, die Vorstellung von Subjektivität überhaupt erst erzeugen. Eine Analyse dieser Diskurse gibt es Foucault zufolge noch nicht. Diskurse kontrollieren nicht nur, wer welche Äußerungen machen darf, sie verhindern auch, dass man diese Steuerungsfunktion ihrerseits zur Sprache bringt. Dem Diskurs kann man sich nicht entziehen, was schließlich auch zu erklären hilft, warum Foucault einen so gewundenen Anfang für seine Rede wählt. Einerseits will er Diskurse analysieren, andererseits stellt sich freilich auch für ihn die Frage, inwiefern er damit nicht seinerseits den Regeln eines Diskurses folgt, dessen Gesetz er nicht erkennen kann. Antrittsvorlesungen sind ein Ritual, dem sich auch

Foucault zu beugen hat, will er den Eintritt in die Institution vollziehen. Foucaults These aber ist, dass Diskurse ihre Macht noch viel grundsätzlicher ausüben. Vernunft und Wahnsinn etwa, so Foucault auf seine frühen Schriften anspielend, seien in einer Diskursanalyse neu zu denken – die Vernunft als ein »Ausschließungssystem«, als eine Form der Abgrenzung, die weder naturgemäß noch »vernünftig« ist, sondern sich historisch immer wieder wandelt. In der Bestimmung des Vernünftigen und des Wahnsinnigen spiegeln sich Machtstrukturen der Gesellschaft. Ebenso im »Gegensatz zwischen dem Wahren und Falschen«, wie Foucault im Anschluss an Nietzsches *Ueber Wahrheit und Lüge im aussermoralischen Sinne* sagt. Wichtiger noch für die Literaturtheorie ist Foucaults Annahme, dass auch der Kommentar eine Form der Diskurskontrolle ist. Um Zufälle und regellose Ereignisse zu bannen und aus den zahllosen Überlieferungen eine Bedeutung zu sichern, haben sich Strategien der Interpretation und der Sekundärtext als Genre entwickelt. Der Kommentar »muß (einem Paradox gehorchend, das er immer verschiebt, aber dem er niemals entrinnt) zum ersten Mal das sagen, was doch schon gesagt worden ist, und muß unablässig das wiederholen, was eigentlich niemals gesagt worden ist. Das unendliche Gewimmel der Kommentare ist vom Traum einer maskierten Wiederholung durchdrungen: an seinem Horizont steht vielleicht nur das, was an seinem Ausgangspunkt stand – das bloße Rezitieren.« (19 f.)

Foucaults Polemik richtet sich offenkundig gegen die Hermeneutik und alle Interpretationsstrategien, die sich auf den Autor als eine Instanz berufen, die die Einheit der Texte und deren Sinn garantiert. »Der Autor ist dasjenige, was der beunruhigenden Sprache der Fiktionen ihre Einheiten, ihren Zusammenhang, ihre Einfügung in das Wirkliche gibt.« (21) Diese Vereinfachung wird der hermeneutischen Theorie sicherlich nicht gerecht, denn der

Autor, so hat das erste Kapitel gezeigt, ist keineswegs eine unhinterfragte Voraussetzung der Interpretation. Foucaults Polemik zielt aber wie schon bei Roland Barthes auf eine institutionalisierte Praxis und Lehrmeinung der Interpretation. Der von Foucault definierte Diskurs lässt sich folglich nicht nur in jenen Bereichen der Gesellschaft wiederfinden, in denen Machtverhältnisse so deutlich hervortreten wie in der Klinik oder dem Gefängnis. Als Diskurs begreift Foucault auch die Lehre der Geisteswissenschaften, die Formen der Verständigung in seiner eigenen Institution. Strukturell gesehen unterscheiden sich Literaturkritik und Geschichtsschreibung keineswegs von der Diskurskontrolle der Strafjustiz.

Umso dringlicher freilich ist es für Foucault, eine Form der Beschreibung zu finden, die die Rituale der Diskurskontrolle nicht einfach abwandelt und wiederholt. Die Diskursanalyse kann sich nur mittels einer eigenen Theorie der Darstellung, einer Poetologie bewähren. Wie der schwierige Anfang von Foucaults Rede bereits erkennen lässt, befindet sich die Diskursanalyse damit in einer durchaus paradoxen Ausgangssituation: einen Diskurs über Diskurse halten, einen Anfang finden für das eigene Vorgehen, wenngleich das Anfangen selbst möglicherweise bereits einlenkt in ein wissenschaftliches Ritual. Wie also lässt sich die Analyse der Disziplinen und Diskurse disziplinieren und begründen, ohne sich selbst in den Rücken zu fallen? Zu drei Entscheidungen, so Foucault, müsse man sich durchringen: Man muss seinen »Willen zur Wahrheit in Frage stellen«, dem Diskurs seinen »Ereignischarakter zurückgeben« und schließlich »die Souveränität des Signifikanten aufheben« (33). Dieser theoretischen Vorgabe folgen vier methodische Prinzipien. Foucault beschreibt ein Prinzip der »Umkehrung«, das vor allem dazu dient, in der Tradition nicht hinterfragte Kategorien zu überprüfen: Was ist ein Autor? Was ist eine Quelle? Zum anderen muss man Diskurse als diskontinuierliche Praktiken verstehen, die nicht nach einem kohärenten Zusammenhang als Form der Sinnstiftung suchen. Als »Prinzip der Spezifizität« bezeichnet Foucault den Verzicht darauf, Diskurse auf andere, vorgängige Bedeutungen zurückzuführen. Und schließlich beschreibt Foucault eine vierte »Regel der Äußerlichkeit«: »Man muß nicht vom Diskurs in seinen inneren und verborgenen Kern eindringen, in die Mitte eines Denkens oder einer Bedeutung, die sich in ihm manifestieren. Sondern vom Diskurs aus, von seiner Erscheinung und Regelhaftigkeit aus, muß man auf seine Möglichkeitsbedingung zugehen; auf das, was der Zufallsreihe dieser Ereignisse Raum gibt und ihre Grenzen fixiert.« (35)

Mit all diesen Regeln wendet sich Foucault polemisch gegen die hermeneutische Interpretation, aber auch gegen Verfahren der traditionellen Geschichtsschreibung. Er stellt den Autor als Deutungshintergrund infrage, die Verknüpfung der Ereignisse zu einer kohärenten Erzählung, die Rückführung der Ereignisse auf andere Ereignisse und den Versuch, Diskursen eine Bedeutung zu geben. Um die »wirkliche Arbeit der Historiker« aufzunehmen, ist die Abgrenzung vom hermeneutischen Kommentar allein aber nicht hinreichend. Foucault grenzt sich auch vom Strukturalismus ab, wie in seiner Kritik an der »Herrschaft« und »Monarchie des Signifikanten« (44) anklingt. Foucaults Diskursanalyse unterscheidet sich vom Strukturalismus – und ist insofern eine Form des poststrukturalistischen Denkens –, weil sie das linguistische Zeichenmodell als Grundlage der Beschreibung verlässt und die Semiotik als methodische Leitdisziplin aufgibt. Die Materialität der Diskurse ist nicht gleichzusetzen mit den Zeichen oder Signifikanten, wie de Saussure sie beschreibt. Diskurse können sich zwar sprachlich konkretisieren, ihre Definition aber greift weiter als der linguistische Zeichenbegriff. Die Diskursanalyse entwickelt eine Theorie der Beschreibung jenseits der

Unterscheidung von Signifikanten und Signifikaten, vor allem aber versucht sie, die Funktion des Referenten neu zu bestimmen.

Die in der Antrittsvorlesung nur verkürzt umrissene Poetik der Diskursanalyse entwickelt Foucault bereits ein Jahr zuvor, 1969, in seiner *Archäologie des Wissens* detailliert. Auch in dieser Schrift findet sich Foucaults Polemik gegen den hermeneutischen Kommentar, die allegorische Interpretation (43), gegen Autorschaft und Werkbegriff als Ausschließungsmechanismen. Um das Denken in diesen Kategorien zu überwinden, bedürfe es einer »negativen Arbeit« (33). Ungleich herausfordernder aber ist sein Versuch, dem Diskurs eine positive Beschreibung zu geben, ohne auf die Modelle der Linguistik und Semiotik zurückzugreifen. Deutlich wird dies bereits an seinem Vokabular. Im Strukturalismus dominante Begriffe gebraucht Foucault selten, dafür schreibt er umso häufiger vom Zufall, vom Ereignis, der Verteilung und der Funktion. Foucaults orientiert sich nicht mehr an der Textwissenschaft, sondern an der Geschichte – und damit an einer Wissensform, die sich auf Referenten bezieht. Foucault beschreibt den Diskurs nicht in Analogie zum Zeichen oder Text wie beispielsweise Barthes, sondern als eine Form der Geschichtsschreibung, die ihre Analyse auf gänzlich andere Daten stützen muss, daher aber auch einer Theorie bedarf, in der die Konstitution von Daten und ihre Verteilung beschreibbar sind. Diskurse sind keine textuellen Gebilde, wenngleich man ihre Wirkung an Texten beobachten kann. Diskurse sind nicht »als Gesamtheit von Zeichen (von bedeutungstragenden Elementen, die auf Inhalte oder Repräsentationen verweisen), sondern als Praktiken zu behandeln, die systematisch die Gegenstände bilden, von denen sie sprechen. Zwar bestehen diese Diskurse aus Zeichen; aber sie benutzen diese Zeichen für mehr als nur zur Bezeichnung der Sachen. Dieses *mehr* macht sie irreduzibel auf das Sprechen und die Sprache. Dieses *mehr* muß man ans Licht bringen und beschreiben.« (74)

Dieses »*mehr*« wiederum ist ganz wörtlich zu verstehen als etwas, was in den Zeichen selbst nicht aufgeschrieben ist, das aber nicht zu verwechseln ist mit jenem sinnhaften Mehrwert von Texten, den die Hermeneutik interpretieren will. Auch darum grenzt sich Foucault so polemisch von der allegorischen Deutung von Texten ab. Der Diskurs ist niemals buchstäblich niedergeschrieben, eine Textanalyse kann ihn nicht entschlüsseln. Die Diskursanalyse muss über das Gesagte hinausgehen, ohne dabei jedoch einen hermeneutischen Sinn zu interpretieren. Während die Hermeneutik stets eine Bedeutung zur Sprache bringen will, ist der »Sinn« des Diskurses nach Foucault eine Funktion der Referenz. Ein Diskurs besteht Foucault zufolge aus »Aussagen«, nicht im Sinne der Aussagenlogik oder der Linguistik, sondern in Form von Funktionen, die ihrerseits etwas hervorbringen und bilden:

»Eine Aussage hat vor sich (und auf gewisse Weise als tête-à-tête) kein *Korrelat* – oder das Fehlen eines *Korrelats*, wie eine Proposition einen Referenten hat (oder nicht hat), wie ein Eigenname ein Individuum (oder niemand) bezeichnet. Sie ist vielmehr mit einem ›Referential‹ verbunden, das nicht aus ›Dingen‹, ›Fakten‹, ›Realitäten‹ oder ›Wesen‹ konstituiert wird, sondern von Möglichkeitsgesetzen, von Existenzregeln für die Gegenstände, die darin genannt, bezeichnet oder beschrieben werden, für die Relationen, die darin bekräftigt oder verneint werden. Das Referential der Aussage bildet den Ort, die Bedingung, das Feld des Auftauchens, die Differentialinstanz der Individuen oder der Gegenstände, der Zustände der Dinge und der Relationen, die durch die Aussage ins Spiel gebracht werden; es definiert die Möglichkeiten des Auftauchens und der Abgrenzung dessen, was dem Satz seinen Sinn, der Proposition ihren Wahrheitswert gibt.« (Foucault 1969/1981, 133)

Aussagen, heißt das, repräsentieren nicht; sie erzeugen ihren eigenen Gegenstand, sie sind effektiv und wirkungsvoll. Dispositive definieren, wie Aussagen möglich sind, nach welchen Regeln diese Konstitution von Referenten zu erfolgen hat. (171) Als Diskurs definiert Foucault die Möglichkeitsbedingung für die Herstellung von Referenzialen. Die Diskursanalyse beschreibt nicht Wissenschaften oder institutionalisierte Gegenstandsbereiche, sondern Formen der Wissenserzeugung, und folglich ist die Referenzfunktion ihre wichtigste theoretische Stütze. Um zu vermeiden, dass seine Leser Referenten als eine gegebene Wirklichkeit, als reale Objekte verstehen, beschreibt Foucault die Referenzialität als eine erzeugende, *poietische* Kraft, deren Regel die Diskursanalyse zum Vorschein bringen muss. (126-133)

Die Unterscheidung von Signifikat und Signifikant entfällt bei Foucault ebenso wie die Gegenüberstellung von Zeichen und Referenten. Nur so ist es ihm zufolge möglich, die Referenzialität von Diskursen nicht als Bezug auf bereits bestehende Bedeutungen und Gegenstände zu verstehen, sondern als Formen der Gegenstandserzeugung. Und *eine* Form der Gegenstandserzeugung kann beispielsweise die Rede von Referenten als faktischen Entsprechungen von Zeichen sein. Anders gesagt: Eine an vermeintlichen Fakten orientierte Disziplin wie die Geschichte wird von Foucault ihrerseits historisch als Spielart eines Diskurses begriffen, der nicht mehr für sich reklamieren kann, sich auf zeitlos gegebene Materialien zu berufen. Die Annahme, dass Referenten reale Objekte sind, ist vielmehr ihrerseits eine Form des Diskurses und eine spezifische Ausformulierung der allgemeineren Referenzialfunktion. Während Foucault somit die traditionelle Geschichtsschreibung historisiert, ist seine Diskursanalyse eine Disziplin, die Geschichtlichkeit neu zu denken versucht. Das Herstellen von Wirklichkeit, von erkennbaren Dingen und Objekten, von Fakten und Materialien wird von Foucault als eine diskursive Praxis beschrieben, deren Regeln historisch und folglich auch veränderbar sind. Selbst die Diskursanalyse, die Foucault vorschlägt, mag einst von ihren Lesern als historische Disziplin gesehen werden.

Welche Rolle aber spielt bei alldem die Literatur? Wie eingangs angedeutet, sind Foucaults frühe Schriften noch nicht von der methodischen Strenge der hier rekonstruierten Diskursanalyse geprägt. Ebenso wie Foucault den Begriff des Diskurses abwandelt und neu definiert, ändert sich bei ihm auch der Status von Literatur. Es ist zunächst bemerkenswert, dass er in seinen frühen Schriften über Literatur genau jene Sprache des Strukturalismus spricht, die er in anderen Texten zu überwinden versucht. Literarische Texte erscheinen vor allem als selbstbezügliche Texte, die Foucault u.a. mit einer Metapher beschreibt, welche aus Friedrich Schlegels Athenäumsfragment 116 bekannt ist: der Roman als Spiegel seiner selbst, der diese Spiegelung aber seinerseits noch einmal reflektiert und somit zwischen zwei Spiegeln gleichsam einen unendlichen Raum öffnet. Schlegel beschreibt so die Transzendentalpoesie, eine Poesie also, die nicht nur poetisch ist, sondern auch poetologisch ihre eigenen Möglichkeitsbedingungen reflektiert. Und auch bei Foucault scheint die Literatur vor allem ein Medium der Reflexion von Zeichenpraktiken und Sprachen zu sein. In seiner *Ordnung der Dinge* etwa ist von Literatur immer dann die Rede, wenn sich die Geschichte des Wissens im Übergang zu einem neuen Zeichenverständnis befindet. Der *Don Quichote* Cervantes' folgt mit seinen irrlichternden Abenteuern einer Zeichenlogik, die noch der Renaissance angehört. Er sucht nach den Ähnlichkeiten zwischen Wörtern und Dingen, was allein schon darum abenteuerlich ist, weil der Roman zugleich eine veränderte Welt entwirft: eine Welt der Repräsentationen, in der die Zeichen nur noch die Funktion von Stellvertretern haben und in der sich Quichote folglich kaum orientieren kann. Der Roman vermag diesen epistemischen Bruch zu schildern, weil er die Sprache und das Zeichenverständnis zum Thema macht. Literarische Texte haben demnach eine Erkenntnisfunktion für Foucault. Sie sind symptomatisch für Epochenumbrüche, sie enthalten aber auch das Modell einer Zeichenanalyse, wie Foucault sie schließlich selbst praktiziert. Sie sind »Gegendiskurse«, weil sie die Sprache einer Episteme spiegeln können.

Diese Fähigkeit zur Selbstbeobachtung beschreibt Foucault auch am Werk von Raymond Roussel, einem französischen Surrealisten. Kurz vor seinem Tod schreibt Roussel ein Buch mit dem Titel *Wie ich einige meiner Bücher geschrieben habe*, eine Poetik seiner Poetiken und damit ein Buch über ein methodisches Problem: Von welchem Standort aus kann man die eigenen Schriften, die eigene Geschichte beobachten? Und zählt eine Schrift über die eigenen Schriften zum eigenen Werk? Oder ist es möglich, einen Standort außerhalb zu wählen? Für Foucault ist diese Frage so entscheidend, weil es in ihr auch um die mögliche Positionierung des Theoretikers geht, um die Möglichkeit einer Metatheorie. In der Literatur scheint eine solche Selbstbeobachtung möglich, weil sich die Literatur ganz auf das Medium der Sprache und auf Zeichenpraktiken bezieht. In seinem knappen Essay *Das unendliche Sprechen* lässt sich diese These verkürzt, aber in derselben Begrifflichkeit wiederfinden:

»Schreiben hieße also für die abendländische Kultur von vornherein, sich in einen virtuellen Raum der Selbstdarstellung und der Verdopplung stellen; wenn die Schrift nicht die Sache, sondern das Wort bedeutet, dann täte das sprachliche Werk nichts anderes, als noch tiefer in diese unfaßliche Dicke des Spiegels vorzudringen, das Double dieses Doubles hervorzurufen, das auch schon Schrift ist, so ein mögliches und unmögliches Unendliches zu entdecken, ohne Ziel das Wort zu verfolgen, es über den Tod hinaus, der es zum Schweigen verurteilt, aufrechtzuerhalten und das Rieseln eines Murmelns freizusetzen.« (Foucault 1963/1991, 92)

Der literarische Text ist aufgrund seines Aufgeschriebenseins, aufgrund seines Mediums Schrift gewissermaßen naturgemäß schon eine Verdopplung, insofern er die lautlichen Elemente und Zeienfunktionen darstellt, mit denen Bedeutungen erzeugt werden. Schreiben scheint also per se von der Sprache zu handeln, wenn auch in unterschiedlicher Weise. Mit Barthes' Überlegungen zur Geschichte der Schreibweisen vergleichbar, imaginiert Foucault in seinem Essay eine »Ontologie« der literarischen Zeichenproduktion, eine Geschichte der unterschiedlichen Formen selbstbezüglicher Schrift. Literatur hat in Foucaults frühen Texten die Funktion eines kritischen Gegendiskurses, weil sie die Zeichenpraxis der Repräsentation sichtbar machen kann. Als Gegendiskurs definiert Foucault die Literatur in diesen Schriften aber auch darum, weil er sich seinerseits noch am strukturalistischen Zeichenmodell orientiert. Und folglich benutzt er dasselbe Vokabular, um die Selbstbezüglichkeit der literarischen Texte zu beschreiben. Ist die Literatur vor allem Literatur, weil sie sich auf Zeichenpraktiken bezieht, dann hat sie in der Linguistik ein legitimes und notwendiges Beschreibungsmodell.

In der *Archäologie des Wissens* hingegen distanziert sich Foucault von der linguistischen Zeichenlehre, und das zeigt sich auch in seiner Beschreibung der Literatur. Unverändert hat die Literatur einen besonderen Status für seine Theorie, aber diese Eigenschaft gründet sich nun nicht mehr auf die Selbstreferenzia lität von Zeichen, sondern auf die Literatur als *poietische* Kraft, als Referenzialfunktion. Am Beispiel des Satzes »Das goldene Gebirge liegt in Kalifornien« (Foucault 1969/1981, 132) veranschaulicht Foucault, dass Aussagen nicht notwendigerweise eines realen Korrelats bedürfen, sondern in ganz unterschiedlichen Gebieten auf unterschiedliche Weise relevant sein können. Aussagen konstituieren ihre Gegenstandsbereiche nach bestimmten Regeln, sie folgen einer bestimmten Poetologie. Auch wenn Foucault in seiner *Archäologie* keine literarischen Texte diskutiert, ist Literatur doch ein Modell seiner Diskursbeschreibung. Literarische Texte zeigen, wie Aussagen eine Referenzialität erzeugen können, auch wenn sie keine realen Referenten haben. Und dabei folgen sie bestimmten poetischen Regeln, die man historisch bestimmen kann.

Die Literatur, heißt das aber, ist folglich kein »Gegendiskurs« mehr; mit ihren eigenen Verfahrensweisen hat sie vielmehr Anteil an der Art und Weise, wie Wissen konstituiert wird. »Poetologien des Wissens«, so formuliert Joseph Vogl im Anschluss an Foucault, rekonstruieren Formen der Wissenskonstitution, ohne dabei zwischen literarischen Texten oder Schriften aus den Wissenschaften zu unterscheiden. »›Poetologie‹ wäre dabei als eine Lehre von der Verfertigung der Wissensformen zu verstehen, als Lehre von ihren Genres und Darstellungsmitteln, die den Gattungsbegriff morphologisch ausweitet und etwa noch in einem statistischen Diagramm, in einer Karte, in einer Aufzählung, in einer Kurve bestimmte Regelsysteme für die Organisation von Wissensfeldern erkennt. Jede epistemologische Klärung ist mit einer ästhetischen Entscheidung verknüpft.« (Vogl 2004, 13; vgl. Vogl 1999)

Wissenschaften und Literatur sind gleichermaßen Formen des Wissens, und das heißt umgekehrt: Seit Foucaults Diskursanalyse ist das Wissen eine Menge von Aussagen, die in unterschiedlichen Disziplinen auftauchen können, gerade deshalb aber institutionalisierte Fachgrenzen überschreiten.

Eine andere Form, die Geschichte neu zu denken, findet sich im amerikanischen New Historicism, der vor allem von Stephen Greenblatt (*1943) vertreten wird. Nach einem Gastaufenthalt Foucaults an der Universität von Berkeley hat sich der New Historicism einige der Grundannahmen Foucaults zu eigen gemacht, aber auch entschieden abgewandelt, zumal sich Greenblatt u.a. am Kulturbegriff von Clifford Geertz orientiert. Mit Geertz' Hermeneutik und Foucaults Diskursanalyse bezieht sich der New Historicism auf zwei geradezu gegensätzliche Paradigmen. Aber der New Historicism ist auch keine Theorie, die ein stringentes Konzept ausarbeitet, sondern eher eine pragmatische Methode, die bestimmte Lektüregewohnheiten korrigieren will. Wie der Name sagt, geht es dem New Historicism zunächst darum, der Geschichte gegen die Tradition textimmanenter Lesarten, wie sie im angelsächsischen Sprachraum vom New Criticism seit den 1940er Jahren vertreten wurden, in der Literaturwissenschaft eine neue Wertschätzung zu geben.

Greenblatts Rückkehr zur Geschichte ist keine Wiederbelebung eines naiven Historismus. Im Sinne Foucaults begreift er die Geschichte als ein plurales Diskursgebilde, das sich von keiner Metaerzählung vereinfachen lässt. Und mit Foucault ist die Geschichte auch nicht als Deutungshintergrund zu verstehen, sie ist kein gegebenes Faktum, auf das man sich berufen könnte, sondern muss allererst hergestellt werden. Somit ist sie Bestandteil des literaturwissenschaftlichen Kommentars. Die Geschichte ist ebenso wie der literarische Text Teil eines Netzwerks, das der New Historicism zu rekonstruieren versucht. Weil die Geschichte also ein pluraler Text ist, in dem verschiedene Fäden zusammenlaufen, lässt sie sich nicht als Einheit und Totalität beschreiben. Die Geschichte verläuft sich im Anekdotischen, im Ausschnitthaften, Fragmentarischen, und die Aufgabe des Kritikers ist es, einzelne Verbindungen dieses Gewebes an literarischen Texten zu rekonstruieren. Der New Historicism begreift sich daher eher als »literaturwissenschaftliche Praxis« (Greenblatt 1982/2001, 33) denn als eigenständige Theorie. Und wie diese Andeutungen bereits erkennen lassen, ist für die Definition des historischen Gewebes der Kulturbegriff von Clifford Geertz wichtiger als die diskursanalytische Strenge Foucaults.

Im Unterschied zur Diskursanalyse ist der New Historicism als literaturwissenschaftliche Praxis zunächst am Text orientiert, an der konkreten Lektüre eines literarischen Beispiels. Ausgehend von einem bestimmten Motivkomplex oder einer Episode versucht er dann zu beschreiben, welche Bedeutung die Schilderung in ihrem ursprünglichen historischen Kontext gehabt haben mag: »Die Welt ist voller Texte, von denen die meisten praktisch unverständlich sind, sobald man sie aus ihrer unmittelbaren Umgebung entfernt. Um die Bedeutung solcher Texte wiederherzustellen, um überhaupt aus ihnen klug zu werden, müssen wir die Situation rekonstruieren, in der sie hergestellt wurden.« (Greenblatt 1990/2001, 51)

Diese Frage nach der Bedeutung eines Textes stellt sich der Diskursanalyse nicht. Treffender ist es, Greenblatts New Historicism als eine andere Form der Hermeneutik zu verstehen, die sich den von Geertz entwickelten ethnografischen Kulturbegriff zu eigen macht, um ihn auf die Geschichte zu übertragen. Dass Greenblatt einer eher hermeneutischen Tradition zuzurechnen ist, zeigt sich auch an der Sonderstellung, die er dem Künstler zuweist:

»In jeder Kultur gibt es einen allgemeinen Symbolhaushalt, bestehend aus den Myriaden von Zeichen, die Verlangen, Furcht und Aggression der Menschen erregen. Durch ihr Vermögen, einprägsame Geschichten zu konstruieren, ihre Beherrschung effektvoller Bildlichkeit und vor allem ihr Gespür für die kollektive Schöpfung jeglicher Kultur: die Sprache, sind literarische Künstler dazu befähigt, diesen Haushalt zu manipulieren. Sie nehmen symbolisches Material aus einer kulturellen Sphäre und bewegen es in eine andere, vergrößern dabei seine emotionale Wirkungskraft, wandeln seine Bedeutung ab, verbinden es mit weiterem Material aus einem anderen Bereich und verändern so seinen Ort in einem umfassenden gesellschaftlichen Entwurf.« (51 f.)

Diese Auszeichnung des Künstlers und des literarischen Textes versucht die Diskursanalyse zu unterwandern. Beim späten Foucault verlaufen die Konturen zwischen der Literatur und den Wissensfeldern. Der Diskursanalytiker beschreibt Aussagen, der New Historicism Bedeutungen; die Diskursanalyse sucht nach den Regeln, die Aussagen möglich machen, der New Historicism beschreibt die Wanderung eines Symbols von einem kulturellen Zusammenhang in einen anderen; die Diskursanalyse versucht die Herstellung von Referenzialität zu beobachten, der New Historicism hingegen definiert die Geschichte als bedeutungsvollen Text und universalisiert die Hermeneutik.

Julia Kristeva, Judith Butler: Körper

In seinem kurzen Aufsatz über das *Spiegelstadium als Bildner der Ichfunktion* beschreibt Jacques Lacan, wie das Kleinkind zwischen dem sechsten und achtzehnten Monat sein Spiegelbild mit »jubilatorischer Geschäftigkeit« (Lacan 1949/1996, 63) zu betrachten beginnt, »bevor es sich objektiviert in der Dialektik der Identifikation mit dem andern und bevor ihm die Sprache im Allgemeinen die Funktion eines Subjektes wiedergibt« (64). Das *infans*, das noch nicht sprechende Kleinkind, auch motorisch noch ohnmächtig, lernt sich allmählich selbst im Spiegel erkennen, es entdeckt sich zuerst als Bild, was die Konstitution des Subjekts Lacan zufolge entscheidend prägt. Denn während das Kleinkind noch nicht in der Lage ist, sich selbst als eigenständiges Subjekt zu begreifen, geschweige denn seinen Körper ganz zu betrachten, entwirft es im Spiegel ein erstes Bild von sich, das ihm auch in der Folgezeit als imaginäres Ideal innerlich vor Augen bleibt. Die Szene vor dem Spiegel ist vor allem darum so prägnant, weil sie eigentlich eine Form der Spaltung beschreibt: Das Ich, *je*, sieht sein Selbst, *moi*, ist folglich aber gerade nicht identisch mit seinem Ich-Ideal. Das Spiegelstadium markiert nach Lacan den Moment, in dem sich das Kleinkind unterscheiden lernt, ein Bild von sich im Unterschied zur Objektwelt gewinnt, eine Subjektivität entfaltet, deren Identität gleichwohl auf einer Spaltung beruht. Genau diese Spaltung und fortwährende Differenz ist nach Lacan kennzeichnend für das Symbolische, die Sprache. Das Spiegelstadium ist »Bildner« der Ichfunktion, anders gesagt: Ein reines Ich, ein von der Sprache unabhängiges Subjekt gibt es nicht oder ist zumindest innerhalb des Symbolischen nicht verfügbar. Das Spiegelstadium ist eine Art Initiationserzählung vom Eintritt in die Sprache, damit aber auch grundlegend für die strukturale Psychoanalyse, die sich bei Lacan ganz auf die Linguistik stützt. Mit dem Eintritt in die Sprache löst sich die ursprüngliche, symbiotische Mutter-Kind-Beziehung, die imaginäre Identifikation mit der Mutter weicht der symbolischen Identifikation mit dem Vater, der für das Gesetz der Sprache steht, welchem das Subjekt fortan unterworfen ist. Damit reformuliert Lacan auch Freuds Ödipus-Erzählung: Der Auftritt des Vaters unterbindet die symbiotische Beziehung zur Mutter, deren Unmittelbarkeit sich im Symbolischen nie wieder erreichen lässt.

Eine der zahlreichen Kritiken an dieser Ursprungserzählung stammt von Julia Kristeva (*1941), in den 1960er Jahren Studentin von Jacques Lacan und auch von Roland Barthes (den sie so beeindruckt, dass er sie wenig später als seine Lehrerin bezeichnet). Ihre wohl wichtigste Schrift publiziert Kristeva 1974 über *Die Revolution der poetischen Sprache*, ein absichtsvoll doppeldeutiger Titel. Zum einen handelt ihr Buch von einer *Revolution durch* die poetische Sprache, zum andern aber von der *Revolution des Poe-*

tischen. Als kritische Leserin und Schülerin strukturalistischer Theorien in Frankreich entwickelt Kristeva anhand der Poesie ein alternatives Sprachmodell, das sich nicht mehr nur auf das Symbolische beschränkt. Zwar folgt Kristeva der Beschreibung Lacans, sie übernimmt das Spiegelstadium als Eintritt in die Welt des Symbolischen, ergänzt aber darüber hinaus die Ebene des Symbolischen um eine prä-ödipale Frühphase: ein vor-sprachliches Stadium der Mutter-Kind-Symbiose, das noch nicht symbolisch artikuliert ist und dennoch eine semiotische Struktur hat. Die Poesie, so Kristevas These, kann das Semiotische beispielhaft zum Ausdruck bringen.

Eine Folge dieser Supplementierung des Symbolischen ist Kristeva zufolge, dass die Linguistik keineswegs hinreicht, um die Struktur des Unbewussten zu beschreiben. Die Wahl ihrer Begriffe deutet es an: Während das Symbolische eine Sphäre ist, die sich mit der Linguistik beschreiben lässt, ist das Semiotische schon dem Begriff nach allgemeiner als diese Ebene der Sprache und ihrer Ordnung. Wie Lacan oder Derrida fragt auch Kristeva nach den Möglichkeitsbedingungen des Symbolischen. Ihrem psychoanalytischen Ansatz zufolge werden im frühkindlichen Erleben bereits außersprachliche Vorgänge verarbeitet, das Kleinkind registriert körperliche, soziale und ökonomische Erfahrungen. Während sich Lacan jeglicher Spekulation über diese prä-symbolische Phase enthält, weil Gegenstand und Medium seiner Analyse ausschließlich linguistische Strukturen sind, muss Kristevas Erweiterung dieses Modells einer methodischen Herausforderung gerecht werden: Wie lässt sich zur Sprache bringen, was selbst noch nicht Sprache ist? Wie sind außersprachliche Erfahrungen vermittelt? Und wie lässt sich der Körper beschreiben, der diese Erfahrungen registriert?

Der aufmerksame Leser wird feststellen, dass Kristeva zwar von einer Revolution der Sprache schreibt, dabei aber nicht wirklich die Sprache der Theorie revolutioniert. Ebenso wie Semiotik und Linguistik aufeinander bezogen sind, nimmt auch Kristeva in ihrer poststrukturalistischen Theorie all jene Begriffe und Metaphern auf, die den Strukturalismus dominiert haben: Vertikale und Horizontale, die dichotomische Gegenüberstellung von Begriffen unter anderem. Wie sich zeigen lässt, veranschaulicht Kristeva das Semiotische auf eine Weise, die man durchaus mit Lacans Beschreibung des Symbolischen vergleichen kann.

Im Anschluss an die Psychoanalyse Melanie Kleins skizziert sie die frühkindliche Phase als eine symbiotische Mutter-Kind-Beziehung, in der das Kleinkind sich noch nicht als eigenständiges Subjekt begreift, folglich aber auch seine Umgebung nicht als Objektwelt strukturieren kann. In dieser Symbiose stellt vor allem die Nahrungsaufnahme die Kontinuität in der Beziehung zur Mutter her. Das Kleinkind wird genährt, erfährt aber auch erste Widerstände und Frustrationen, wenn die stete und verlässliche Nahrungszufuhr ins Stocken gerät oder aussetzt. Mit Platon bezeichnet Kristeva diese symbiotische Welt auch als *chora*, als eine ausdruckslose Totalität, die durch Triebe und ihre Stauungen geschaffen wird. Das Semiotische ist demnach schon rhythmisiert, der horizontale Fluss in Phasen unterteilt, anders gesagt: Es zeichnen sich bereits Differenzen in der Struktur ab, Diskontinuitäten, die schließlich die Grundlage dafür werden, dass sich das Sprachsystem nicht nur in einer horizontalen Dimension, sondern auch vertikal strukturiert:

»Die Triebladung wird demnach durch biologische und gesellschaftliche Strukturzwänge aufgehalten und Stasen ausgesetzt: ihre Bahnung fixiert sich provisorisch und markiert auf diese Weise *Diskontinuitäten* im, wie wir es nennen wollen, semiotisierbaren Material: Stimme, Gesten, Farben. Phonetische (später phonematische), kinetische und chromatische Einheiten bzw. Differenzen sind die Markierungen solcher Triebstasen. Zwischen diesen Markierungen stellen sich in der Folge Verbindungen, *Funktionen* her, die von den Trieben aufgesogen werden und die sich nach Ähnlichkeit und Opposition mittels Gleiten und Verdichten artikulieren. Wir haben es also mit dem Prinzip von Metonymie und Metapher zu tun, die beide von der sie umgreifenden Triebökonomie nicht zu trennen sind.« (Kristeva 1974/1978, 39)

Wie beschreiben, was noch nicht Sprache ist? Kristeva scheint dem methodischen Dilemma ihrer Theorie des Vorsprachlichen einfach damit zu begegnen, dass sie die Begriffe einer strukturalen Textanalyse auf die vorsprachliche Struktur projiziert. Im zitierten Absatz zeigt sich indes auch, auf welche Weise sie die außersprachlichen Einflüsse mit ihrer Theorie des Semiotischen zu vermitteln versucht. Das Gesellschaftliche und Ökonomische wird zur Erfahrung, weil es selbst strukturierend wirkt und die körperliche Ebene des Semiotischen ummittelbar beeinflusst. Der Körper, von dem Kristeva spricht, meint demnach aber immer zweierlei: den Körper des Kindes, das noch kein Subjekt ist, zugleich aber den Körper des Sprachlichen, das noch nicht symbolisch ist, konkret: den reinen Signifikanten. Genau diese Ebene der Materialität von Zeichen beginnt sich in der semiotischen Phase auszubilden. Und zugleich ermöglichen es diese Erfahrungen reiner Körperlichkeit, dass sich später auf der Grundlage der Differenzen und Stauungen die Unterscheidung von Signifikant und Signifikat und somit die Möglichkeit zur bedeutungsvollen Bezeichnung bildet:

»So betrachtet, erscheint uns die thetische Setzung der semiotischen Motilität als Ort des Anderen – als Voraussetzung für Bedeutung, das heißt für die Setzung der Sprache. Sie kennzeichnet die Schwelle zwischen zwei heterogenen Bereichen: dem Semiotischen und dem Symbolischen. Letzteres umfaßt einen Teil des ersteren, die Spaltung zwischen beiden offenbart sich nunmehr im Einschnitt Signifikant/Signifikat. Wir meinen, daß der Terminus des *Symbolischen* auf adäquate Weise diese immer schon gespaltene Vereinigung wiedergibt, die durch einen Bruch entsteht, ohne den sie unmöglich wäre.« (58)

Während das Semiotische die Unterscheidung als solche noch nicht kennt, sondern lediglich dessen Bedingungen in der Rhythmisierung von Triebladungen entwickelt, ist aus Sicht des Symbolischen diese Erfahrung noch immer gegenwärtig, wenn auch auf verdeckte Weise. Die Teilung der Zeichen erinnert an den Einschnitt und Eintritt in die Sprache, bewahrt aber auch die körperlichen Früherfahrungen auf der Ebene des Signifikanten. Die symbolische Sprache definiert sich zwar als eine der Setzungen und des Bildlichen, sie leistet dies aber nur auf der Grundlage von Signifikanten, in denen die prä-symbolische Phase des Subjekts sich als Erfahrung abgelagert hat. Das Symbolische ist demnach niemals rein symbolisch, wenngleich es so erscheinen möchte. Genau dies können poetische Texte zum Ausdruck bringen: »In den Praktiken der ›Kunst‹ offenbart sich das Semiotische nicht nur als Bedingung des Symbolischen, sondern auch als dessen Aggressor; insofern gibt die Kunst auch Aufschluß über die Funktionsweise des Semiotischen.« (59)

Um eine Revolution handelt es sich im ganz wörtlichen Sinne, weil die gleichsam untere Schicht der Sprache das Symbolische verstört und in der Poesie dominanter wird. Die Literatur ist nicht per se am Semiotischen orientiert, durchaus aber die revolutionierte Sprache bei Mallarmé, Lautréamont, Artaud oder Joyce. Durch die Betonung des Rhythmischen oder die Störung der Syntax vermögen poetische Texte die Bedeutungen des Symbolischen zu unterlaufen, wenn auch nicht, um eine gänzlich andere Sprache zu sprechen – der poetische Text hält sich noch an die symbolische Ordnung. Indem er aber die syntaktische Struktur seiner Zeichen ins Spiel bringt, kann er die Bedeutungsfunktion unterminieren und neue Konnotationen erzeugen. Der poetische Text unterwandert die Setzungen, auch die des Subjekts. Kristeva vergleicht diese Verstöße gegen die symbolische Ordnung auch mit Freuds Traumarbeit, der Verdichtung und Verschiebung bzw. der Rücksicht auf Darstellbarkeit. Der poetische Text ist eine Arbeit an den Bedeutungen, doch gleichwohl ein Text, der das Wesen der Sprache nicht gänzlich aufheben kann. Und auch für Freuds »sekundäre Bearbeitung« findet Kristeva ein Äquivalent, den »Übergang von einem Zeichensystem zu einem anderen«:

»Um ihn zu vollziehen, verbünden sich zwar Verschiebung und Verdichtung, doch ist damit nicht die gesamte Operation erklärt. Hinzu kommt die Transformation der thetischen *Setzung*: die Zerstörung der früheren und die Bildung einer neuen. Das neue Zeichensystem kann durchaus im selben Zeichenmaterial erzeugt werden: zum Beispiel kann sich in der Sprache ein Übergang von der Erzählung zum Text vollziehen; es kann aber auch einem anderen Zeichenmaterial entlehnt werden: so zum Beispiel ein Übergang von der Karnevalszene zum geschriebenen Text. [...] Der Terminus Intertextualität bezeichnet eine solche Transposition eines Zeichensystems (oder mehrerer) in ein anderes.« (69)

Die poetische Praxis, heißt das, ist als sekundäres semiotisches System beschreibbar, sie setzt sich auf Bedeutungen und Texte, um deren Strukturen neu zu ordnen. Als Praxis verstanden kann sich die poetische Sprache auf jedes semiotische System oder jede andere Sprache beziehen. Ganz ähnlich hatte auch Roland Barthes, Kristevas Lehrer und Schüler, den Text beschrieben: als ein sekundäres sprachliches System, das die Bedeutungen verschiebt und neu setzt. Kristeva selbst bezieht sich in ihrer Beschreibung dieser Intertextualität auf die Schriften des russischen Literaturwissenschaftlers Michail Bachtin (1895–1975). In ihrem Aufsatz *Bachtin, das Wort, der Dialog und der Roman* von 1967 heißt es dazu:

»Bachtin gehört zu den ersten, die die statische Zerlegung der Texte durch ein Modell ersetzen, in dem die literarische Struktur nicht *ist*, sondern sich erst aus der Beziehung zu einer *anderen* Struktur *herstellt*. Diese Dynamisierung des Strukturalismus wird erst durch eine Auffassung möglich, nach der das ›literarische Wort‹ nicht ein Punkt (nicht ein feststehender Sinn) ist, sondern eine *Überlagerung von Text-Ebenen*, ein Dialog verschiedener Schreibweisen: der des Schriftstellers, der des Adressaten (oder auch der Personen), der des gegenwärtigen oder vorangegangenen Kontextes. [...] jeder Text ist eine Absorption und Transformation eines anderen Textes. An die Stelle des Begriffs der Intersubjektivität tritt der Begriff der *Intertextualität* [...].« (Kristeva 1967/1972, 346)

In ihrer Schrift *Die Revolution der poetischen Sprache* ersetzt Kristeva den Begriff der Intertextualität durch den der »Transposition«, um Bachtins Sprachmodell mit der Psychoanalyse Freuds zu verbinden. Ebenso wie sich Bachtin mit seinem Konzept der Dialogizität von der streng formalistischen Schule abgegrenzt hatte, setzt Kristeva den Begriff der Intertextualität zur Kritik an der einseitigen, strukturalistischen Ausrichtung an starren Formen ein. Mit ihrer Rezeption von Bachtins Intertextualität gibt sie dem Theoriediskurs des Poststrukturalismus, ihrem Lehrer Roland Barthes insbesondere, somit ein entscheidendes Stichwort. Aber auch in ihrem Fall zeigt sich, dass der sogenannte Poststrukturalismus seine Kritik und Revision des Strukturalismus in Begriffen vorträgt, die noch immer eine strukturalistische Herkunft verraten: Verdichtung und Verschiebung, Metapher und Metonymie, Paradigma und Syntagma, Vertikale und Horizontale – dieses Vokabular des Strukturalismus nimmt auch Kristeva auf, wenn sie das Symbolische vom Semiotischen unterscheidet. Ergänzen ließe sich noch, dass bereits Nietzsche mit dem Apollinischen und Dionysischen eine ähnliche Dichotomie beschrieben hatte: das Apollinische als begriffliches, von der Subjekt-Objekt-Relation geprägtes distanziertes Weltverhältnis, das Dionysische als rhythmische, musikalische Struktur, die sich nicht auf den Begriff bringen lässt. An diese dichotomischen Strukturen knüpft Kristeva an, um ihre Theorie nach demselben Muster auszuformulieren.

Trotz dieser Gemeinsamkeiten unterscheiden sich Kristevas Schriften schon allein darum von den anderen Modellen des Poststrukturalismus, weil sie ihre Theorie anders kontextualisiert und zudem politisiert. Im Sprachmodell Lacans entspricht dem Symbolischen das Gesetz des Vaters; der Auftritt des Vaters stört die symbiotische Mutter-Kind-Beziehung und weckt ein Begehren, das vom Kind im Symbolischen artikuliert werden muss, ohne dabei freilich je sein Ziel erreichen zu können. Weil das Symbolische mit der Figur des Vaters besetzt ist, lässt sich Lacan zufolge die Frau nicht bezeichnen; das Weibliche entzieht sich dem Symbolischen ebenso wie die Frühphase des Kindes. Bei Kristeva findet sich das Gegenmodell zu dieser männlich kodierten Sprachordnung. Mit der Psychoanalyse Melanie Kleins ergänzt sie Lacans strukturale Psychoanalyse und zeichnet gerade die Mutter-Kind-Beziehung als eine Bedingung jeglicher Sprachlichkeit aus. Diese ursprüngliche Bindung verhält sich zum Gesetz des Vaters wie die Semiotik zur Linguistik, nämlich als übergeordnete Instanz.

Dennoch muss man fragen, ob auf diese Weise eine Revolution der poetischen Sprache gelingen kann. Zwar beschreibt Kristeva mit dem Semiotischen eine subversive Kraft, zugleich jedoch wird das Semiotische auf die Ebene des Rhythmus und Klangs, der Syntax verbannt. Eine vollständige Revolution durch das Semiotische ist gar nicht möglich, die Sprache würde sich auflösen, psychotisch werden, wie Kristeva selbst sagt. So bestätigt sie aber zumindest implizit die Macht und Vorherrschaft des Symbolischen und damit des väterlichen Gesetzes. Ließe sich ihre Beschreibung der weiblich kodierten Sprachsphäre daher nicht auch als Unterwerfung unter die männliche Ordnung deuten?

Diese Kehrseite ihrer Revolutionierung der Sprache ist symptomatisch für zahlreiche Gendertheorien. Wie lässt sich der weibliche Körper repräsentieren innerhalb eines männlich kodierten Symbolsystems? Ist es möglich, mit den Mitteln derselben Sprache eine positive weibliche Identität zu begründen, oder droht die feministische Theorie per se jenem Diskurs zum Opfer zu fallen, den sie unterwandern möchte? Judith Butler (*1956) hat in *Das Unbehagen der Geschlechter* ein Theoriemodell ausgeführt, das einen Ausweg aus diesen Aporien aufzuzeigen versucht. Wie Kristeva entwickelt sie ihre Gendertheorien vor allem aus der Lektüre anderer Theoretikerinnen; die Schriften u.a. Simone de Beauvoirs, Luce Irigarays oder Monique Wittigs unterzieht sie einer systematischen Kritik. Ihre Ausgangsthese: »Das feministische Subjekt erweist sich als genau durch dasjenige politische System diskursiv konstituiert, das seine Emanzipation ermöglichen soll.« (Butler 1990/1991, 17) Das feministische Subjekt setzt sich gegen Strukturen zur Wehr, die es selbst hervorgebracht haben, oder anders gesagt: Das feministische Subjekt kann sich auf keinen Ort außerhalb berufen, es ist Teil jener Ordnung, gegen die es sich zur Wehr setzt. Die Debatten der Gendertheorien sind vor allem von dieser inneren Widersprüchlichkeit angetrieben, von dem Versuch, eine Sprache für ein feministisches Subjekt zu finden, die nicht ihrerseits dem »Herrendiskurs« entlehnt ist.

Mithilfe des semiotischen Dreiecks lassen sich drei Modelle skizzieren, mittels deren sich das feministische Subjekt zur Sprache bringen ließe: als Signifikat und Vorstellung; als Referenz und reales Subjekt; oder aber – wie bei Kristeva der Fall – auf der Ebene des Signifikanten, des Sprachkörpers. Eine Theorie, die das feministische Subjekt als Referenten behandelt, würde nicht umhinkommen, es als etwas Naturhaftes zu bezeichnen, stünde so aber auch in der Gefahr, einem essenzialistischen Diskurs mit patriarchalischer Struktur zu folgen. In der Position des Signifikats erginge es dem feministischen Subjekt möglicherweise nicht besser, es wäre als Vorstellung in eben jene symbolische Ordnung verstrickt, die seine Repräsentation eigentlich verhindert. Zahlreiche Gendertheorien wie die von Luce Irigaray etwa argumentieren deshalb, dass sich ein feministisches Subjekt der Repräsentation entziehen muss, wenn es seine eigene Ordnung begründen will. Oder aber das feministische Subjekt wird auf der Ebene des Signifikanten ins Spiel gebracht, also jener Sphäre, die auch Kristeva ausführlich beschreibt: Der ausgeschlossene Körper scheint hier zur Sprache kommen zu können, wenngleich nur auf begrenzte Art und Weise. Wie also ist zu verhindern, dass die Beschreibung des Weiblichen auf der Ebene des Signifikanten nicht auch eine Ideologie essenzieller Weiblichkeit reproduziert, deren Kritik eigentlich beabsichtigt ist? Beschreibt nicht auch Kristeva das essenzialistische und vermeintlich natürliche Bild einer spezifisch weiblich kodierten Mutter-Kind-Beziehung?

Es ließen sich weitere Theorien nennen, die eine direkte Referenz auf das weibliche Subjekt vermeiden, um es stattdessen auf der Ebene des Rhythmischen und Syntaktischen zu verorten. Hélène Cixous beispielsweise bezeichnet als *écriture féminine* eine weibliche Schreibweise, die das feministische Subjekt nicht in Bildern repräsentiert, sondern in der Syntax und Struktur eines offenen Textes zu erkennen gibt, der die Sprache der Repräsentation unterwandern möchte. In ihrer Beschreibung dieser *écriture féminine* jedoch greift Cixous mit Vorliebe auf Metaphern des Fließens und des Rhythmus zurück, also durchaus vertraute Vorstellungen von Weiblichkeit. (Cixous 1977; Cixous 1980) Die *écriture féminine* hat ihren Ursprung im Körper, sie arbeitet an Klangstruktur und Syntax. Aber auch Cixous kommt nicht umhin, diese Ebene des Signifikanten wieder zu semantisieren, auch sie reproduziert stereotype Weiblichkeitsbilder.

Sieht man von den politischen Ambitionen der Gendertheorien einmal ab, scheint sich ihre Dynamik durchaus auch als Dilemma beschreiben zu lassen, das sich als unmittelbare Folge des semiotischen Modells und seiner Aporien fast schon zwangsläufig ergibt. Ihrem Begriff nach ersetzen Gendertheorien die Vorstellung eines weiblichen, natürlichen Körpers, denn »Gender« ist kein Geschlecht im biologischen Sinne, sondern eine soziale Konstruktion. Genau diese Konstruktion scheint aber zum Problem zu werden, wenn man sie auf der Grundlage des semiotischen Modells zu beschreiben versucht. Die Beschreibungen des Weiblichen auf der Ebene der Vorstellungen oder der Signifikanten erzeugen unwillkürlich Bilder vom essenziell und natürlich Weiblichen, also genau jene Vorstellung einer realen Referenz, die Gendertheorien ja vermeiden wollen. Möglich wird diese Befreiung des weiblichen Subjekts und Körpers nur dann, wenn sich die Semiotik überwinden lässt. Genau dies versucht Judith Butler im Rückgriff auf die Diskursanalyse Foucaults. Statt ein feministisches Subjekt zu konstruieren, dekonstruiert Butler Subjektdiskurse; statt den weiblichen Körper mittels eines semiotischen Modells zu entwerfen, dekonstruiert sie das Zeichenmodell und jenes Symbolsystem, auf das sich Kristeva stützt:

»Für einen großen Teil der feministischen Theorie und Politik stellen die Kategorien des wahren Geschlechts, der diskreten Geschlechtsidentität und besonders der Sexualität den festen Bezugspunkt bereit. Diese Identitätskonstrukte dienen als epistemischer Ausgangspunkt, aus dem die Theorie hervorgeht und die Politik selbst ausgearbeitet wird, wobei der Feminismus angeblich eine Politik ausarbeitet, die die Interessen und Perspektiven der ›Frau(en)‹ ausdrücken soll. Doch stellt sich die Frage, ob es sozusagen eine politische Gestalt der ›Frau(en)‹ gibt, die der politischen Ausarbeitung ihrer Interessen und des epistemischen Standpunkts vorausgeht und sie vorwegnimmt. Welche Form hat diese Identität? Und handelt es sich um eine Formung, die gerade die Morphologie und die Begrenzung des sexuell gestimmten Körpers als Grund, Oberfläche oder Schauplatz der kulturellen Einschreibung ansetzt? Was grenzt diesen Schauplatz als ›weiblicher Körper‹ ab? Bietet ›der Körper‹ oder der ›sexuell gestimmte Körper‹ die feste Grundlage, auf der die Geschlechtsidentität und die Systeme der Zwangssexualität operieren? Oder wird ›der Körper selbst‹ durch politische Kräfte geformt, die ein strategisches Interesse daran haben, daß er auch weiterhin durch die Markierungen des anatomischen Geschlechts gefesselt und konstituiert wird?« (190)

Der Körper ist Butler zufolge in der Tat ein kulturelles Konstrukt, ein Diskursphänomen, das von den Gendertheorien selbst hervorgebracht wird. Foucault hat in seiner Diskursanalyse ausführlich beschrieben, dass Identität und Subjektivität Effekte von derart wirkungsvollen Machtstrukturen sind, dass ihr Konstruktionscharakter unsichtbar wird; Subjektivität und Identität erscheinen als natürliche Phänomene. Butler weist jedoch darauf hin, dass Foucault seine eigene Vorgabe nicht immer mit aller Konsequenz durchzuhalten vermag. Zwar beschreibt er das Subjekt als diskursive Konstruktion, der Körper aber erscheint in seinen Schriften oftmals als etwas Naturgegebenes, als eine reale Substanz, in die sich die Machtstrukturen einschreiben. Butlers Lesart zufolge ist der Körper in Foucaults Theorie ein ontologischer Rest. Sie selbst hingegen begreift auch den Körper als diskursives Phänomen und seine vermeintliche Natürlichkeit als kulturelle Konstruktion.

Um auch diese Argumentation mithilfe des semiotischen Dreiecks zu veranschaulichen: Der Körper lässt sich nicht als stumme Referenz einsetzen, dessen reale Präsenz kulturelle Symbolsysteme infrage stellen könnte. Vielmehr ist die Bezugnahme auf jegliche Form eines Referenten Butler zufolge ihrerseits schon Ausdruck eines bestimmten Diskurses. Auch der Referent ist ein kulturelles Produkt. Wie Foucault in der *Archäologie des Wissens* unterscheidet Butler 1993 in *Körper von Gewicht* zwischen dem Referenten und der Referenzialfunktion: »So verstanden, wird nicht die linguistische Fähigkeit verneint, auf sexualisierte Körper zu referieren, sondern schon die Bedeutung von ›Referentialität‹ ist verändert. Die feststellende Aussage ist, philosophisch gesprochen, in einem gewissen Grade immer performativ.« (33 f.) Verkürzt gesagt ist die Bezugnahme auf einen Referenten demnach nur eine Spielart von Referenzialfunktionen, sie ist eine kulturelle und historische Diskursformation, deren Genealogie sich analysieren lässt. Dass man vom Referenten als realem Objekt spricht, ist ein historisches Phänomen. Butler bestreitet damit nicht die Existenz von Körpern, weist aber darauf hin, dass diese Existenz eine Funktion erfüllt und der Effekt eines Körperdiskurses ist, der keineswegs naturgegeben ist. Die Bezugnahme auf eine Natur und ihre Unterscheidung von der Kultur ist eine historisch bedingte Form der kulturellen Selbstverständigung.

Ebenso wie die Gendertheorien sich als Kommentare zum Strukturalismus lesen lassen, die im Versuch, ein linguistisches Modell zu kontextualisieren, auch dessen Aporien zumindest implizit aufzeigen, ist Butlers Modell als Kommentar zum Poststrukturalismus zu verstehen. Butler benutzt in ihrer Analyse nicht nur die Beschreibung des Körpers als Diskursphänomen, sie gibt Foucaults Modell auch eine politische Wendung. Wenn Körper diskursiv formiert werden und sich ihre Realität als performativer Effekt beschreiben lässt, dann ist es umgekehrt auch möglich, den Körperdiskurs performativ zu unterwandern. Geschlechter lassen sich parodieren, zumal ihre vermeintliche Natürlichkeit nur performativ entsteht. Die Travestie, so Butler, ist die vielleicht offensichtlichste Parodie, in der die Geschlechtlichkeit als Diskursphänomen entlarvt wird:

»*Indem die Travestie die Geschlechtsidentität imitiert, offenbart sie implizit die Imitationsstruktur der Geschlechtsidentität als solcher – wie auch ihre Kontingenz.* Tatsächlich besteht ein Teil des Vergnügens, das Schwindel-Gefühl der Performanz, darin, daß man entgegen den kulturellen Konfigurationen ursächliche Einheiten, die regelmäßig als natürliche und notwendige Faktoren vorausgesetzt werden, die grundlegende Kontingenz in der Beziehung zwischen biologischem Geschlecht (*sex*) und Geschlechtsidentität (*gender*) anerkennt. Statt des Gesetzes der heterosexuellen Kohärenz sehen wir, wie das Geschlecht und die Geschlechtsidentität ent-naturalisiert werden, und zwar mittels einer Performanz, die die Unterschiedenheit dieser Kategorien eingesteht und die kulturellen Mechanismen ihrer fabrizierten/erfundenen Einheit auf die Bühne bringt. Der hier verteidigte Begriff der Geschlechter-Parodie (*gender parody*) setzt nicht voraus, daß es sein Original gibt, das diese parodistischen Identitäten imitieren. Vielmehr geht es gerade um die Parodie des Begriffs des Originals als solchem.« (202f.)

Butler wendet die Diskursanalyse also auf sich selbst an. Mit der Theorie der Performanz hebt sie die Grundlage von Foucaults Beschreibung der Wirkkraft von Diskursen hervor, um diese Konstruktionen von Realität mit ihren eigenen Mitteln zu unterminieren. Sie entwirft kein anderes Geschlecht, entwirft Geschlechtlichkeit nicht mittels einer anderen Sprache, sondern überführt die Geschlechtlichkeit ihres Entwurfscharakters. Butler schafft den Körper als Referenten ab, um ihn mittels einer performativen Referenzialfunktion aus dem semiotischen Diskurs zu befreien. Die Theorie des Performativen, Butlers *performative turn*, drängt zu einer Form des Realen, die sich innerhalb des semiotischen Modells gar nicht denken lässt.

Friedrich Kittler, Jean Baudrillard: Medien

Die Medientheorie ist ein weiteres theoretisches Modell, das sich als Grenzfall der Semiotik am Ende des zwanzigsten Jahrhunderts beschreiben lässt. »Medien ›definieren, was wirklich ist‹; über Ästhetik sind sie immer schon hinaus.« (Kittler 1986, 10) »Was wirklich ist« – dieses Zitat (es stammt von Norbert Bolz) ist mit Friedrich Kittler (1943–2011) möglichst wörtlich zu nehmen. Medien, so schreibt Kittler 1986 im Vorwort zu *Grammophon, Film, Typewriter*, lassen sich nicht »verstehen« im Sinne der Hermeneutik, sie bedürfen einer anderen Theorie:

> »Medien zu verstehen, bleibt – trotz *Understanding Media* im Buchtitel McLuhans – eine Unmöglichkeit, weil gerade umgekehrt die jeweils herrschenden Nachrichtentechniken alles Verstehen fernsteuern und seine Illusionen hervorrufen. Aber machbar scheint es, an den Blaupausen und Schaltplänen selber, ob sie nun Buchdruckpressen oder Elektronenrechner befehligen, historische Figuren des Unbekannten namens Körper abzulesen. Von den Leuten gibt es immer nur das, was Medien speichern und weitergeben können. Mithin zählen nicht die Botschaften oder Inhalte, mit denen Nachrichtentechniken sogenannte Seelen für die Dauer einer Technikepoche buchstäblich ausstaffieren, sondern (streng nach McLuhan) einzig ihre Schaltungen, dieser Schematismus von Wahrnehmbarkeit überhaupt.« (5)

Mit dem Begriff Verstehen hatte Dilthey die Geisteswissenschaften von den Naturwissenschaften abzusetzen versucht. Bei Kittler geht es nicht nur um die Beschreibung und Erklärung von Schaltungen, sondern auch darum, eine Mediengeschichte so zu schreiben, dass die Hermeneutik als ein Medieneffekt sichtbar wird. Medien sind ein Apriori, eine diskursive Voraussetzung des »Menschen« und seiner Wissensformen. Weil Medien definieren, was »wirklich ist«, ist ihre Theorie aber auf einer anderen Seite zu verorten als die bisher diskutierten. Kittler erläutert das folgendermaßen:

»Foucault, der letzte Historiker oder erste Archäologe, brauchte nur nachzuschlagen. Der Verdacht, daß alle Macht von Archiven ausgeht und zu ihnen zurückfindet, war glänzend zu belegen, zumindest im Juristischen, Medizinischen und Theologischen. Tautologie der Geschichte oder ihrer Schädelstätte. Denn die Bibliotheken, in denen der Archäologe so fündig wurde, versammelten und rubrizierten Papiere, die einst nach Adresse und Verteilerschlüssel, nach Geheimhaltungsgrad und Schreibtechnik sehr unterschiedlich gewesen waren – Foucaults Archiv als Entropie einer Post. Auch Schrift, bevor sie in Bibliotheken fällt, ist ein Nachrichtenmedium, dessen Technologie der Archäologe nur vergaß. Weshalb seine historischen Analysen alle unmittelbar vor dem Zeitpunkt haltmachen, wo andere Medien und andere Posten das Bücherregal durchlöcherten. Für Tonarchive oder Filmrollentürme wird Diskursanalyse unzuständig.« (13)

Foucaults Diskursanalyse wird bei Kittler selbst zum Gegenstand einer Diskursanalyse. Während Foucault sein Archiv einzig auf Bücher gründete und diese mediale Voraussetzung seiner Theorie nicht bedacht hat, schreibt Kittler eine Geschichte der Medien, in der die Bibliothek nur ein historisches Apriori unter anderen ist. Kittlers These ist, dass Foucault seine Archäologie abbricht, sobald das Zeitalter einer anderen Medienepoche beginnt. Darin zeigt sich aber nicht nur eine historische Unvollständigkeit der Archäologie, nicht nur die Auslassung des zwanzigsten Jahrhunderts. Vielmehr stößt Foucault hier auch an eine Grenze seiner Theorie: Er kann die bibliothekarische Grundlage seiner Archäologie nicht verlassen, weil er sie gar nicht als Grundlage seiner Theorie reflektiert. Die Diskursanalyse erfährt mit Kittler eine medientheoretische Wende, was nicht zuletzt an Kittlers Begrifflichkeit zu erkennen ist. Wenn Medien definieren, »was wirklich ist«, stellt sich die Frage nach dem Sein der Medien im Sinne Heideggers.

Nicht minder wichtig für Kittlers Argumentation ist Jacques Lacans Unterscheidung vom Symbolischen, Imaginären und Realen. In *Grammophon, Film, Typewriter* entspricht ihnen jeweils ein Medium. Das Symbolische umfasst die Sprachzeichen

> »in ihrer Materialität und Technizität. Sie bilden, heißt das, als Buchstaben und Ziffern eine endliche Menge, ohne daß die philosophisch erträumte Unendlichkeit von Bedeutung irgend in Anschlag käme. Was zählt, sind nur die Differenzen oder (um es in Schreibmaschinensprache zu sagen) die Spatien zwischen den Elementen eines Systems. [...] Das Imaginäre dagegen entsteht als Spiegelphantom eines Körpers, der motorisch vollkommener scheint als der eigene des Kleinkindes. [...] Aus dem Realen schließlich ist nicht mehr zutage zu fördern, als was Lacan mit seiner Gegebenheit voraussetzte – nämlich nichts. Es bildet jenen Rest oder Abfall, den weder der Spiegel des Imaginären noch auch die Gitter des Symbolischen einfangen können – physiologischer Zufall, stochastische Unordnung von Körpern.« (27 f.)

Lacans Dreiteilung bildet das Gerüst von *Grammophon, Film, Typewriter*: Dem Grammophon ordnet Kittler das Reale zu, dem Film das Imaginäre, dem Typewriter schließlich das Symbolische. Kittler zufolge unterlaufen diese drei Medien auf je eigene Weise den Menschen. Der Phonograph, Vorläufer des Grammophons, zeichnet auf, was an Schallwellen in seinen Trichter kommt. Er kennt keinen Unterschied von Sinn und Bedeutung, sondern nur den Ausschlag von Sinuskurven. Phonographen hören mehr als der Mensch, oder besser gesagt: Sie hören gar nicht. Während menschliche Ohren die Geräusche filtern, einzelne Töne isolieren und memorieren, um sie dann mit einer Bedeutung zu versehen, zeichnet der Phonograph auch das auf, was menschlichen Ohren gar nicht als Ton erscheint. Der Phonograph unterwandert die menschliche Wahrnehmungsschwelle. Ebenso entgeht das Reale dem Symbolischen, im Falle der Akustik beispielsweise die Notation von Tönen. Wie dieses Beispiel zeigt, ist das Symbolische und damit auch die Sprache bei Kittler nur eine mediale Form unter anderen. Phonographen können mehr als Notenschriften, weil sie anders aufzeichnen und speichern können als eine Schrift. Daraus folgt aber auch, dass die Literatur als eine Form des Symbolischen von Kittler historisiert wird. Wie er in seinem Essay *Fiktion und Simulation* ausführt, dienen das Symbolische, Imaginäre und Reale nicht nur dazu, die Ausdifferenzierung der Medien um 1900 in einer synchronen Weise zu beschreiben, Kittler benutzt das Schema auch, um eine diachrone Geschichte der Medien zu erzählen.

Als literarisches Beispiel für die Medienepoche des Symbolischen und des Alphabets dient Kittler Goethes Gedicht *Prometheus*. Prometheus kann seinen Traum, Figuren und Bilder herzustellen, nur im Medium des Symbolischen imaginieren: »Alle faktische Arbeit der Fiktion bleibt auf dieser Ebene, wo Vokale und Konsonanten, Hebungen und Senkungen des Gedichts lyrisch zu manipulieren sind. Aber die Herrschaft über den Signifikanten (mit allen Korrekturmöglichkeiten, die Feder und Papier bereitstellen) hat keinen automatischen Effekt auf Signifikate oder gar Referenten, auf Menschen oder Lehm.« (Kittler 1991, 98) Um Figuren zu erzeugen, ist die Literatur auf Manipulationen des Symbolischen angewiesen, der Ordnung des Symbolischen entsprechend dabei aber auch beschränkt. In einer zweiten, dem Imaginären zugeordneten Epoche lösen Analogmedien die Künste ab, aus Fiktionen werden Simulationen. Die Kriegsgeschichte etwa zeigt, wie Generalstabsoffiziere ihre Schlachtpläne in Form von Kriegsspielen virtuell entwerfen. (104) Die Digitalisierung im zwanzigsten Jahrhundert schließlich ermöglicht erstmals eine Manipulation des Realen: »Die Digitalisierung ist vielmehr ein Kurzschluß, der unter Umgehung alles Imaginären das Reale in seiner Kontingenz erstmals symbolischen Prozeduren auftut. Der Schnitt, bei Film oder Tonband eine ästhetisch geplante Korrekturmöglichkeit von Cuttern oder Tonmeistern, entgleitet der trägen Menschenhand und kommt auf Geschwindigkeiten im Mikrosekundenbereich. Diese diskret gemachte Zeit des Schaltwerks erlaubt dann Manipulationen am Realen, wie sie unterm Regime hergebrachter Künste nur am Symbolischen möglich waren.« (105)

Die Geschichte der Medien führt also in einem Dreischritt vom Symbolischen über das Imaginäre zum Realen und erfüllt sich somit einen Traum, indem sie das, was sie immer nur träumen konnte, letztlich erreicht. Im symbolischen Universum beziehen sich Schriften immer nur auf andere Schriften, es wird immer nur niedergeschrieben, was bereits Element des Symbolischen ist, zumal das Symbolische mit Lacan über die Vertauschbarkeit definiert ist. Erst mit der Umstellung auf technische Medien wird es möglich, das Reale, die »Natur« selbst zu speichern, zu übertragen und schließlich auch zu manipulieren. Die Geschichte der Medien führt vom Symbolischen zu dem, was innerhalb des Symbolischen mithilfe des Referenten nur unzureichend angedeutet werden kann. Anders gesagt, digitale Medien haben tatsächlich Zugriff auf eine reale Referenz. Dieses Reale aber ist nicht mit der »Realität« gleichzusetzen; mit Lacan ist das Reale, was weder imaginär noch symbolisch zu fassen ist. Kittler beschreibt folglich keine Rückkehr zur Natur und zu einer Ontologie von Objekten, denn Objekte wären wiederum Bestandteil einer Ordnung, von der sich das Reale ja gerade unterscheidet. Das Reale ist nicht mehr und nichts anderes als ein undifferenzierter Rest.

In einer Medientheorie, die sich auf die Semiotik als Modell stützt, scheint genau diese Entwicklung vom Symbolischen zum Realen nicht beobachtbar zu sein. Eine der zentralen und häufig wiederholten Thesen Jean Baudrillards (1929–2007) etwa ist, dass der Referent in der Geschichte der Medien zunehmend verschwindet. Über die *Agonie des Realen* schreibt er 1978:

> »Ära der Simulation durch Liquidierung aller Referentiale – schlimmer noch: durch deren künstliche Wiederauferstehung in verschiedenen Zeichensystemen, die ein viel geschmeidigeres Material abgeben als der Sinn. Diese künstliche Wiederauferstehung bedient sich aller möglichen Äquivalenzsysteme, und aller möglichen binären Oppositionen, jeder Art von kombinatorischer Algebra. Es geht nicht mehr um die Imitation, um die Verdopplung oder um die Parodie. Es geht um die Substituierung des Realen durch Zeichen des Realen.« (Baudrillard 1978, 9)

Waren die Künste ursprünglich mimetisch, produzierten sie zumindest das Phantasma eines realen Referenten. Im Zeitalter der Simulation durch digitale Medien wird der Referent hingegen geradezu vernichtet, die Realität verschwindet, weil die Differenz der Zeichen zu ihrem Gegenstand nicht mehr erkennbar ist. Medien bringen hervor, was sie darstellen, so Baudrillard. Ihre Simulation sind Referenzeffekte. Damit scheint Baudrillard zwar eine Argumentation zu wiederholen, die von Foucault und Butler bereits (viel positiver) vorgebracht wurde: Medien wären demnach der performativen Kraft von Diskursen vergleichbar. Im Unterschied zu Foucault und Butler aber versucht Baudrillard seine Medientheorie ausdrücklich auf die Semiotik zu begründen. Noch deutlicher wird die Begrenzung des semiotischen Modells, wenn man Baudrillard und Kittler miteinander vergleicht. Baudrillards These, dass der Referent in der Mediengeschichte verschwindet, ist nur die Folge des Modells, das seinen Schriften zugrunde liegt. Den Referenten, den Baudrillard verschwinden sieht, hat es in der Semiotik nie gegeben.

In der Medientheorie Kittlers hingegen bekommt die Rede vom Realen einen anderen Stellenwert, weil er das Reale nicht vom Standpunkt des Symbolischen aus betrachtet, sondern unter der

Bedingung von technischen Medien. Vergleicht man das dreigliedrige Schema Lacans mit dem semiotischen Dreieck und seinen Unterscheidungen, so lässt sich dem Symbolischen der Signifikant zuordnen, dem Imaginären das Signifikat, dem Referenzbereich das Reale. Zugleich aber ist das Schema Lacans auf einer anderen Ebene zu betrachten, es ist allgemeiner, insofern sich das semiotische Dreieck ja ausschließlich auf die symbolische Ordnung bezieht. Aus medientheoretischer Sicht ist die Semiotik Bestandteil einer übergreifenden Ordnung. Hat der Strukturalismus, Gilles Deleuze zufolge, das Symbolische in die Geschichte der Theorien eingeführt, die sich bis dahin nur am Realen oder Imaginären orientiert hatten (Deleuze 1967/1992, 10 f.), so geht es in Kittlers Medientheorie um die Überwindung der Grenzen des Symbolischen.

Wenn die Dreiteilung von Realem, Imaginärem und Symbolischem Grundlage einer Geschichtserzählung wird, lassen sich die Medien Buchstaben und Schrift auch historisieren. Genau dies ist bei Kittler der Fall. Seine Mediengeschichte nimmt Abstand von der Literatur, insofern ihre Operationen am Symbolischen mediengeschichtlich längst abgelöst worden sind. Das heißt freilich nicht, dass heute nicht mehr geschrieben würde. Literarische Texte und die Geisteswissenschaften sind aber einem Medium verpflichtet, das jene anderen Medien gar nicht denken kann. Das hat Folgen für den Stellenwert der Literatur. Literarische Texte sind für Kittler vor allem dann von Interesse, wenn sie ihr eigenes Medium, das Alphabet, die Schrift thematisieren, oder wenn in literarischen Texten andere Medien beobachtet werden. Literarische Texte sind für die Medientheorie folglich kein Gegenstand der Interpretation, die Literatur liefert der Mediengeschichte lediglich Daten. Aus der Literatur zitiert Kittler vornehmlich Texte, in denen die Effekte von Medien beschrieben und beobachtet werden, dies aber nur, um die Geschichte der Medien anekdotisch zu verfolgen. Mit der Historisierung des literarischen Mediums entfällt auch das Interesse an der Literarizität von Literatur.

Schluss

Nach dem *linguistic turn* wurde in den vergangenen Jahrzehnten eine Vielzahl von neuen Wenden ausgerufen, um das Paradigma der reinen Sprachlichkeit zu überwinden: Der *cultural turn*, *performative turn*, *iconic turn*, *spatial turn*, *interpretive turn* oder *reflexive turn* sind nur einige Beispiele, die wir zum Teil erwähnt haben. Meist sind diese Neuausrichtungen keine Kehren im emphatischen Sinne, auch wenn sie dies zu suggerieren scheinen. Als revolutionäre »kopernikanische Wende« wäre das Wort *turn* jedoch falsch übersetzt. Viel eher geht es darum, neue Gegenstandsbereiche zu besetzen, sich wieder einer Wirklichkeit zu vergewissern, die nicht zeichentheoretisch verschlossen ist, und ganz pragmatisch nach methodischen Einstellungen zu suchen, zumal sich das Literaturstudium nach seiner kulturwissenschaftlichen Öffnung auch anderer Materialen und Symbolisierungsformen annimmt. Im Laufe des zwanzigsten Jahrhunderts führt die Theorie von den zunächst textimmanenten Lektüreformen der Hermeneutik oder des Strukturalismus zu immer neuen Gegenständen, die außerhalb der Literatur liegen. Um es noch einmal mit dem semiotischen Dreieck zu veranschaulichen: Die theoretische Stütze von Hermeneutik und Strukturalismus ist die Beziehung von Zeichen und Bedeutung, die linke Achse im Dreieck, während gegen Ende des zwanzigsten Jahrhunderts ihr Gegenüber, der Referent, ins Sichtfeld rückt. Der Wunsch nach dem Durchbruch zum Realen wird stärker, seine Anziehungskraft nimmt stetig zu. Und es scheint, dass Theorien ihrem jeweiligen

Referenzbereich umso näher kommen, je weiter sie sich von der Hermeneutik und dem Strukturalismus entfernen können. Die Diskursanalyse Foucaults oder Butlers Gendertheorie etwa berufen sich auf das Performative, um den Referenten als kulturelles Produkt, als Effekt und etwas Gemachtes, erkennbar zu machen. Der Referent rückt zwar ins Zentrum ihrer Überlegungen, aber wie wir gesehen haben, wird er in ihren Schriften auch seiner Ontologie beraubt. Nicht als Objekt, sondern als Bestandteil eines relationalen Gefüges und Aspekt des Semiotischen ist der Referent hier zu verstehen. Aus dieser Perspektive ist er nicht mehr als das schlechthin Andere des Zeichens definiert, der Referent verliert seine »bleierne Last«, weil er als Bestandteil eines semiotischen Gefüges betrachtet wird.

Foucault distanziert sich ausdrücklich von der Linguistik als Methode und Leitdisziplin für seine eigenen Überlegungen, wobei er die Linguistik offenkundig mit de Saussures postum veröffentlichten Vorlesungen identifiziert: jenem zweigliedrigen Zeichenmodell, das hier einleitend skizziert wurde und das zur vielleicht wichtigsten theoretischen Vorgabe für den Strukturalismus avancierte. Wie einleitend jedoch angemerkt, sind de Saussures Vorlesungen keine von ihm selbst autorisierte Veröffentlichung, man muss im Gegenteil annehmen, dass die außergewöhnliche Wirkungsgeschichte seiner Konzepte nicht unbedingt seinem Denken entspricht (Jäger 2010). Mit de Saussures erst jüngst veröffentlichten Schriften ließe er sich kaum mehr als Gründungsvater des Strukturalismus bezeichnen. Würde man de Saussure nun als seinen eigenen Nachfolger lesen, die Referenzialität der Zeichen stünde keineswegs im Widerspruch zu seiner Lehre.

Denkbar wäre auch, dass man auf andere semiotische Theorien zurückgreift, um das vereinfachte Modell des zweigliedrigen Zeichens durch ein komplexeres zu ersetzen. Charles Sanders Peirce (1839–1914) etwa ist zwar für die Geschichte der Literaturtheorien nicht weiter relevant, seine Wirkungsgeschichte lässt sich kaum mit der von de Saussures Vorlesungen vergleichen. Man könnte sich dennoch fragen, wie auf der Grundlage seines Zeichenmodells eine Geschichte der Literaturtheorien zu erzählen wäre. Peirce definiert das Zeichen stets als dreigliedrige Relation von Objekt, Zeichen und Interpretant, die keinesfalls auf eine binäre Struktur reduziert werden kann. Auch sein triadisches Modell ließe sich im semiotischen Dreieck unterbringen, wobei sich die hier einleitend skizzierte Ausgangslage grundlegend ändern würde. Statt von einer Kluft zu sprechen, die sich mit der Trennung von Zeichen und Referenten auftut, stünden nunmehr Relationen und Zusammenhänge im Vordergrund, die stets drei Aspekte des Zeichens umfassen. Das Dreieck wäre dann aber kein veraltetes Modell mehr, das den Referenten als »bleierne Last« mit sich trägt. Und folglich ließen sich auch die Spannungsverhältnisse zwischen den theoretischen Diskursen längst nicht mehr so polemisch und pointiert zuspitzen wie in den Schriften, die hier diskutiert wurden. Ohne die Eigendynamik, die sich im zwanzigsten Jahrhundert nach der vermeintlichen Abspaltung des Zeichens vom Referenten entwickelt hat, würden Theorien ihre Positionen anders bestimmen und behaupten. Sie würden andere Sprachen sprechen, wären an anderen Denkfiguren und Metaphern zu erkennen, das theoretische Genre wäre insgesamt ein anderes. – In einer genau solchen Phase der Neuorientierung befinden sich Theorien heute.

Anhang

Literatur

Quellen

Theodor W. Adorno/Max Horkheimer, *Dialektik der Aufklärung. Philosophische Fragmente*, Frankfurt/Main 1944/1992.

ders., *Der Essay als Form*, in: ders., *Noten zur Literatur*, Frankfurt/Main 1958/1991, S. 9-33.

ders., *Rede über Lyrik und Gesellschaft*, ebenda (1957/1991), S. 48-68.

ders., *Kulturkritik und Gesellschaft*, in: ders., *Prismen. Kulturkritik und Gesellschaft*, Frankfurt/Main 1951/1992.

Roland Barthes, *Mythen des Alltags*, Frankfurt/Main 1957/1996.

ders., *Am Nullpunkt der Literatur*, Frankfurt/Main 1953/1985.

ders., *Elemente der Semiologie*, Frankfurt/Main 1964/1983.

ders., *Kritik und Wahrheit*, Frankfurt/Main 1966/1997.

ders., *Einführung in die strukturale Analyse von Erzählungen*, in: ders., *Das semiologische Abenteuer*, Frankfurt/Main 1966/1988, S. 102-143.

ders., *Die strukturalistische Tätigkeit*, in: Kursbuch 5 (1966), S. 190-196.

ders., *Der Tod des Autors*, in: *Texte zur Theorie der Autorschaft*, hg. und kommentiert von Fotis Jannidis u.a., Stuttgart 1968/2000, S. 185-193.

ders., *Die Lust am Text*, Frankfurt/Main 1973/1992.

ders., *S/Z*, Frankfurt/Main 1970/1998.

Jean Baudrillard, *Agonie des Realen*, Berlin 1978.

ders., *Requiem für die Medien*, in: ders., *Kool Killer oder Der Aufstand der Zeichen*, Berlin 1972/1978, S. 83-118.

Judith Butler, *Das Unbehagen der Geschlechter*, Frankfurt/Main 1990/1991.

dies., *Körper von Gewicht. Die diskursiven Grenzen des Geschlechts*, Frankfurt/Main 1993/1997.

Hélène Cixous, *Die ewige Zirkulation des Weiblichen*, Berlin 1977.

dies., *Weiblichkeit in der Schrift*, Berlin 1980.

James Clifford/George E. Marcus (Hg.), *Writing Culture. The Poetics and Politics of Ethnography*, Berkeley et al. 1986.

James Clifford, *Über ethnographische Autorität*, in: Eberhard Berg/Martin Fuchs (Hg.), *Kultur, soziale Praxis, Text. Die Krise der Repräsentation*, Frankfurt 1988/1993, S. 109-157.

ders., *Über ethnographische Allegorie*, ebenda (1986/1993), S. 200-239.

Jacques Derrida, *Kraft und Bedeutung*, in: ders., *Die Schrift und die Differenz*, Frankfurt/Main 1967/1997, S. 9-53.

ders., *Grammatologie*, Frankfurt/Main 1967/1976.

ders., *Die différance*, in: ders., *Randgänge der Philosophie*, Wien 1972/1988, S. 29-52.

ders., *Préjugés. Vor dem Gesetz*, Wien 1982/1999.

Wilhelm Dilthey, *Die Entstehung der Hermeneutik*, in: ders., *Gesammelte Schriften*, Bd. V, Stuttgart 1900/1957, S. 317-338.

ders., *Goethe und die dichterische Phantasie*, in: ders., *Das Erlebnis und die Dichtung, Gesammelte Schriften*, Bd. XXVI, Stuttgart 1906/2005, S. 113-172.

Umberto Eco, *Zeichen. Einführung in einen Begriff und seine Geschichte*, Frankfurt/Main 1977.

ders., *Einführung in die Semiotik*, München 1972/2002.

Michel Foucault, *Raymond Roussel*, Frankfurt/Main 1963/1989.

ders., *Die Ordnung der Dinge*, Frankfurt/Main 1966/1994.

ders., *Archäologie des Wissens*, Frankfurt/Main 1969/1981.

ders., *Was ist ein Autor?*, in: ders., *Schriften zur Literatur*, Frankfurt/Main 1969/1991, S. 7-31.

ders., *Das unendliche Sprechen*, ebenda (1963/1991), S. 90-103.

ders., *Die Ordnung des Diskurses*, Frankfurt/Main 1972/1996.

Manfred Frank, *Was ist Neostrukturalismus?*, Frankfurt/Main 1983.

ders., *Das individuelle Allgemeine. Textstrukturierung und -interpretation nach Schleiermacher*, Frankfurt/Main 1977.

ders., *Was ist ein literarischer Text, und was heißt es, ihn zu verstehen?*, in: ders., *Das Sagbare und das Unsagbare. Studien zur deutsch-französischen Hermeneutik und Texttheorie*. Erweiterte Neuausgabe, Frankfurt/Main 1989, S. 121-195.

Sigmund Freud, *Die Traumdeutung*, in: *Studienausgabe*, Bd. II, hg. von Alexander Mitscherlich, Angela Richards, James Strachey, Frankfurt/Main 1900/2000.

ders., *Der Dichter und das Phantasieren*, ebenda, Bd. X: *Bildende Kunst und Literatur*, Frankfurt/Main 1908/2000, S. 169-179.

ders., *Eine Kindheitserinnerung des Leonardo da Vinci*, ebenda, Bd. X, Frankfurt/Main 1910/2000, S. 87-159.

Hans-Georg Gadamer, *Wahrheit und Methode. Grundzüge einer philosophischen Hermeneutik*, Tübingen 1960/1990.

ders., *Text und Interpretation*, in: Philippe Forget (Hg.), *Text und Interpretation. Deutsch-französische Debatte*, München 1984, S. 24-55.

Clifford Geertz, *Dichte Beschreibung. Bemerkungen zu einer Theorie von Kultur*, in: ders., *Dichte Beschreibung. Beiträge zum Verstehen kultureller Systeme*, Frankfurt/Main 1973/1987, S. 7-43.

ders., *»Deep play«. Bemerkungen zum balinesischen Hahnenkampf*, ebenda (1972/1987), S. 202-260.

ders., *»Aus der Perspektive des Eingeborenen« Zum Problem des ethnologischen Verstehens*, ebenda (1977/1987), S. 289-310.

ders., *The world in a text. How to read »Tristes Tropiques«*, in: ders., *Works and Lives. The Anthropologist as Author*, Stanford 1988, S. 25-48.

Gérard Genette, *Strukturalismus und Literaturkritik*, in: H. Naumann (Hg.), *Der moderne Strukturbegriff*, Darmstadt 1965/1973, S. 354-376.

ders., *Die Erzählung*, München 1983/1998.

Stephen Greenblatt, *Die Formen der Macht und die Macht der Formen in der englischen Renaissance* (Einleitung), in: Moritz Baßler (Hg.), *New Historicism*, Tübingen und Basel 1982/2001, S. 29-34.

ders., *Kultur*, ebenda (1990/2001), S. 48-59.

Martin Heidegger, *Sein und Zeit*, Tübingen 1927/1993.

ders., *Der Spruch des Anaximander*, in: ders., *Holzwege*, Frankfurt/Main 1946/2003, S. 321-373.

ders., *Die Zeit des Weltbildes*, ebenda (1938/2003), S. 75-113.

ders., *Identität und Differenz*, Stuttgart 1957/2008.

Roman Jakobson, *Linguistik und Poetik*, in: ders., *Poetik. Ausgewählte Aufsätze 1921-1971*, hg. von Elmar Holenstein, Frankfurt/Main 1969/1987, S. 83-121.

Hans Robert Jauß, *Literaturgeschichte als Provokation der Literaturwissenschaft*, in: Rainer Warning (Hg.), *Rezeptionsästhetik. Theorie und Praxis*, München 1975, S. 126-162.

Friedrich Kittler, *Grammophon, Film, Typewriter*, Berlin 1986.

ders., *Fiktion und Simulation*, in: Erhard Schütz (Hg.), *HighTech – LowLit? Literatur und Technik, Automaten und Computer*, Essen 1991, S. 95-108,

Julia Kristeva, *Die Revolution der poetischen Sprache*, Frankfurt/Main 1974/1978.

dies., *Bachtin, das Wort, der Dialog und der Roman*, in: Jens Ihwe (Hg.), *Literaturwissenschaft und Linguistik: Ergebnisse und Perspektiven*, Bd. 3: *Zur linguistischen Basis der Literaturwissenschaft*, Frankfurt/Main 1967/1972, S. 345-375.

Jacques Lacan, *Das Drängen des Buchstaben im Unbewußten oder Die Vernunft seit Freud*, in: ders., *Schriften II*, hg. von Norbert Haas, Olten, Freiburg 1966/1975, S. 15-59.

ders., *Das Spiegelstadium als Bildner der Ichfunktion, wie sie uns in der psychoanalytischen Erfahrung erscheint*, in: ders., *Schriften I*, hg. von Norbert Haas, Weinheim, Berlin 1949/1996, S. 61-70.

Claude Lévi-Strauss, *Strukturale Anthropologie I*, Frankfurt/Main 1958/1977.

ders., *Traurige Tropen*, Frankfurt/Main 1955/1998.

Niklas Luhmann, *Zeichen als Form*, in: Dirk Baecker (Hg.), *Probleme der Form*, Frankfurt/Main 1993, S. 45-69.

ders., *Das Kunstwerk und die Selbstproduktion der Kunst*, in: ders., *Schriften zu Kunst und Literatur*, Frankfurt/Main 1986/2008, S. 139-188.

ders., *Weltkunst*, ebenda (1990/2008), S. 189-245.

Paul de Man, *Allegorien des Lesens*, Frankfurt/Main 1979/1988.

ders., *Der Widerstand gegen die Theorie*, in: Volker Bohn (Hg.), *Romantik. Literatur und Philosophie*, Frankfurt/Main 1986/1987, S. 80-106.

Paul Ricœur, *Die Metapher und das Hauptproblem der Hermeneutik*, in: Anselm Haverkamp (Hg.), *Theorie der Metapher*, Darmstadt 1972/1983, S. 356-375.

Richard Rorty (Hg.), *The Linguistic Turn. Essays in Philosophical Method*, Chicago, London 1967/1992.

Ferdinand de Saussure, *Grundfragen der allgemeinen Sprachwissenschaft*, Berlin 1916/1967.

Emil Staiger, *Die Kunst der Interpretation*, Zürich, Freiburg 1955/1971.

Jean Starobinski, *Wörter unter Wörtern. Die Anagramme von Ferdinand de Saussure*, Berlin, Frankfurt/Main, Wien 1980.

Peter Szondi, *Einführung in die literarische Hermeneutik*, in: *Studienausgabe*, hg. von Jean Bollack und Helen Stierlin, Bd. 5, Frankfurt/Main 1975.

Friedrich Schleiermacher, *Hermeneutik und Kritik. Mit einem Anhang sprachphilosophischer Texte Schleiermachers*, hg. und eingeleitet von Manfred Frank, Frankfurt/Main 1977.
Michael Titzmann, *Strukturale Textanalyse. Theorie und Praxis der Interpretation*, München 1977.
Joseph Vogl (Hg.), *Poetologien des Wissens um 1800*, München 1999.
ders., *Kalkül und Leidenschaft. Poetik des ökonomischen Menschen*, Berlin, Zürich 2004.

Weiterführende Literatur (Auswahl)

Allgemeine Einführungen zu Theorien und Methoden

Doris Bachmann-Medick, *Cultural Turns. Neuausrichtungen in den Kulturwissenschaften*, Reinbek 2006.
Klaus-Michael Bogdal (Hg.), *Neue Literaturtheorien. Eine Einführung*, Opladen 1990.
ders., (Hg.), *Neue Literaturtheorien in der Praxis. Textanalysen von Kafkas »Vor dem Gesetz«*, Opladen 1993.
ders./Gunter E. Grimm/Achim Geisenhanslüke (Hg.), *Von der Hermeneutik zu den Kulturwissenschaften*, Darmstadt 2013.
Jonathan Culler, *Literaturtheorie. Eine kurze Einführung*, Stuttgart 2002.
Terry Eagleton, *Einführung in die Literaturtheorie*, 4. Aufl., Stuttgart 1997.
Achim Geisenhanslüke, *Einführung in die Literaturtheorie*, 4. Aufl., Darmstadt 2007.
Michael Groden/Martin Kreiswirth/Imre Szeman (Hg.), *The Johns Hopkins Guide to Literary Theories*, Baltimore, London 2005.
Oliver Jahraus, *Literaturtheorie. Theoretische und methodische Grundlagen der Literaturwissenschaft*, Basel, Tübingen 2004.
ders./Stefan Neuhaus (Hg.), *Kafkas »Urteil« und die Literaturtheorie. Zehn Modellanalysen*, Stuttgart 2002.
Dorothee Kimmich/Rolf G. Renner/Bernd Stiegler (Hg.), *Texte zur Literaturtheorie der Gegenwart*, Stuttgart 2008.
Tilman Köppe/Simone Winko, *Neuere Literaturtheorien: Eine Einführung*, Stuttgart 2008.
Wolfgang Müller-Funk, *Kulturtheorie*, Tübingen, Basel 2006.

Ansgar Nünning (Hg.), *Grundbegriffe der Literaturtheorie*, Stuttgart, Weimar 2004.
Ulrich Schmid, *Literaturtheorien des 20. Jahrhunderts*, Stuttgart 2010.
Martin Sexl (Hg.), *Einführung in die Literaturtheorie*, Wien 2004.
David E. Wellbery (Hg.), *Positionen der Literaturwissenschaft. Acht Modellanalysen am Beispiel von Kleists »Das Erdbeben in Chili«*, München 1985.

Diskursanalyse (Michel Foucault)

Gilles Deleuze, *Foucault*, Frankfurt/Main 1992.
Jürgen Fohrmann/Harro Müller (Hg.), *Diskurstheorien und Literaturwissenschaft*, Frankfurt/Main 1988.
Clemens Kammler/Rolf Parr/Ulrich Johannes Schneider/Elke Reinhardt-Becker (Hg.), *Foucault Handbuch. Leben - Werk - Wirkung*, Stuttgart 2008.
Achim Landwehr, *Historische Diskursanalyse*, Frankfurt/Main 2008.
Sara Mills, *Der Diskurs*, Tübingen 2007.
Philipp Sarasin, *Michel Foucault zur Einführung*, Hamburg 2012.

Ethnografie und Literatur (Clifford Geertz, Claude Lévi-Strauss)

Doris Bachmann-Medick, *Kultur als Text. Die anthropologische Wende in der Literaturwissenschaft*, Frankfurt/Main 1998.
Eberhard Berg, Martin Fuchs (Hg.), *Kultur, soziale Praxis, Text. Die Krise der ethnographischen Repräsentation*, Frankfurt/Main 1993.
James Clifford/George E. Marcus (Hg.), *Writing Culture: The Poetics and Politics of Culture*, Berkeley, Los Angeles 2010.
Hans Peter Hahn, *Ethnologie. Eine Einführung*, Frankfurt/Main 2013.
Karl-Heinz Kohl, *Ethnologie - die Wissenschaft vom kulturell Fremden. Eine Einführung*, München 2012.
Thomas Reinhardt, *Claude Lévi-Strauss zur Einführung*, Hamburg 2008.

Gendertheorien (Judith Butler, Julia Kristeva)

Regina Becker-Schmidt/Gudrun-Axeli Knapp, *Feministische Theorien zur Einführung*, Hamburg 2003.
Christina von Braun/Inge Stephan (Hg.), *Gender@Wissen. Ein Handbuch der Gender-Theorien*, Stuttgart 2013.

Hannelore Bublitz, *Judith Butler zur Einführung*, Hamburg 2013.
Lena Lindhoff, *Einführung in die feministische Literaturtheorie*, Stuttgart, Weimar 1995.

Hermeneutik (Wilhelm Dilthey, Hans-Georg Gadamer, Paul Ricœur)

Manfred Birus (Hg.), *Hermeneutische Positionen. Schleiermacher, Dilthey, Heidegger, Gadamer*, Göttingen 1982.
Philippe Forget (Hg.), *Text und Interpretation*, München 1984.
Jean Grondin, *Hans-Georg Gadamer. Eine Biographie*, Tübingen 2013.
Jochen Hörisch, *Die Wut des Verstehens*, Frankfurt/Main 1988.
Matthias Jung, *Wilhelm Dilthey zur Einführung*, Hamburg 1996.
ders., *Hermeneutik zur Einführung*, Hamburg 2012.
Jens Mattern, *Ricœur zur Einführung*, Hamburg 1996.
Ulrich Nassen (Hg.), *Klassiker der Hermeneutik*, Paderborn, München, Wien, Tübingen 1982.
Udo Tietz, *Hans-Georg Gadamer zur Einführung*, Hamburg 1999.

Kritische Theorie (Theodor W. Adorno)

Tom Huhn (Hg.), *The Cambridge Companion to Adorno*, Cambridge 2004.
Johann Kreuzer/Stefan Müller-Doohm/Richard Klein (Hg.), *Adorno Handbuch. Leben – Werk – Wirkung*, Stuttgart 2011.
Christoph Türcke/Gerhard Bolte, *Einführung in die Kritische Theorie*, Darmstadt 1994.
Rolf Wiggershaus, *Die Frankfurter Schule. Geschichte, theoretische Entwicklung, politische Bedeutung*, Frankfurt/Main 1988.

Medien (Jean Baudrillard, Friedrich Kittler)

Friedrich Balke/Joseph Vogl/Bernhard Siegert (Hg.), *Mediengeschichte nach Friedrich Kittler*, München 2013.
Sybille Krämer, *Friedrich Kittler – Kulturtechniken der Zeitachsenmanipulation*, in: Alice Lagaay, David Lauer (Hg.), *Medientheorien. Eine philosophische Einführung*, Frankfurt/Main, New York 2004, S. 201-224.
Rainer Leschke, *Einführung in die Medientheorie*, München 2003.
Dieter Mersch, *Medientheorien zur Einführung*, Hamburg 2006.

Claus Pias/Joseph Vogl/Lorenz Engell/Oliver Fahle/Britta Neitzel (Hg.), *Kursbuch Medienkultur. Die maßgeblichen Theorien von Brecht bis Baudrillard*, Stuttgart 1999.

Jens Schröter (Hg.), *Handbuch Medienwissenschaft*, Stuttgart 2014.

Geoffrey Winthrop-Young, *Friedrich Kittler zur Einführung*, Hamburg 2005.

New Historicism (Stephen Greenblatt)

Moritz Baßler (Hg.), *New Historicism. Literaturgeschichte als Poetik der Kultur*. Mit Beiträgen von Stephen Greenblatt, Louis Montrose u.a., Tübingen, Basel 1995.

Hannelore Schlaffer, *Ethnographie der Literatur. Über Stephen Greenblatt und den New Historicism*, in: Freibeuter (Dez. 1994), S. 11-22.

Psychoanalyse (Sigmund Freud, Jacques Lacan)

Hermann Lang, *Die Sprache und das Unbewußte. Jacques Lacans Grundlegung der Psychoanalyse*, Frankfurt/Main 1986.

Hans-Martin Lohmann/Joachim Pfeiffer (Hg.), *Freud-Handbuch. Leben – Werk – Wirkung*, Stuttgart 2013.

Peter von Matt, *Literaturwissenschaft und Psychoanalyse*, Stuttgart 2001.

Jean-Luc Nancy/Philippe Lacoue-Labarthe, *The Title of the Letter. A Reading of Lacan*, New York 1992.

Gerda Pagel, *Jacques Lacan zur Einführung*, Hamburg 1991.

Jean Starobinski, *Psychoanalyse und Literatur*, Frankfurt/Main 1990.

Samuel Weber, *Freud-Legende. Drei Studien zum psychoanalytischen Denken*, Olten, Freiburg 1979.

ders., *tertium datur*, in: Friedrich Kittler (Hg.), *Austreibung des Geistes aus den Geisteswissenschaften. Programme des Poststrukturalismus*, Paderborn, München, Wien, Zürich 1980, S. 204-221.

ders., *Rückkehr zu Freud: Jacques Lacans Ent-stellung der Psychoanalyse*, Wien 2000.

Semiotik (Ferdinand de Saussure)

Jonathan Culler, *Ferdinand de Saussure*, Ithaca 1986.

Ludwig Jäger, *Ferdinand de Saussure zur Einführung*, Hamburg 2010.

Winfried Nöth (Hg.), *Handbuch der Semiotik*, Stuttgart 2000.
Helmut Pape, *Charles S. Peirce zur Einführung*, Hamburg 2004.

Strukturalismus, Poststrukturalismus, Dekonstruktion (Roland Barthes, Jacques Derrida, Paul de Man)

Karl-Heinz Bohrer (Hg.), *Ästhetik und Rhetorik. Lektüren zu Paul de Man*, Frankfurt/Main 1993.
Harold Bloom/Paul de Man/Jacques Derrida/Geoffrey H. Hartmann/Hillis Miller (Hg.), *Deconstruction and Criticism*, New York 1979.
Johanna Bossinade, *Poststrukturalistische Literaturtheorie*, Stuttgart 2000.
Jonathan Culler, *Dekonstruktion. Derrida und die poststrukturalistische Literaturkritik*, Reinbek 1980.
Gilles Deleuze, *Woran erkennt man den Strukturalismus?*, Berlin 1992.
François Dosse, *Geschichte des Strukturalismus*, 2 Bde., Hamburg 1996.
Helga Gallas (Hg.), *Strukturalismus als interpretatives Verfahren*. Darmstadt 1972.
Heinz Kimmerle, *Jacques Derrida zur Einführung*, Hamburg 2008.
Doris Kolesch, *Roland Barthes*, Frankfurt/Main, New York 1997.
Anja Köpper, *Dekonstruktive Textbewegungen. Zu Lektüreverfahren Derridas*, Wien 1999.
Stefan Münker/Alexander Roesler, *Poststrukturalimus*, Stuttgart 2002.
Oliver Simons, *Nullpunkt, Neutrum, punctum. Das Reale bei Roland Barthes*, in: Stefan Börnchen/Georg Mein/Martin Roussel (Hg.), *Name, Ding. Referenzen*, München 2012, S. 199-218.

Systemtheorie (Niklas Luhmann)

Oliver Jahraus/Armin Nassehi/Mario Grizelj/Irmhild Saake (Hg.), *Luhmann-Handbuch. Leben – Werk – Wirkung*, Stuttgart 2012.
Albrecht Koschorke/Cornelia Vismann (Hg.), *Widerstände der Systemtheorie. Kulturtheoretische Analysen zum Werk von Niklas Luhmann*, Berlin 1999.
Detlef Krause, *Luhmann-Lexikon. Eine Einführung in das Gesamtwerk von Niklas Luhmann*, 4. neu bearb. und erweit. Auflage, Stuttgart 2005.
Gerhard Plumpe, *Literatur als System*, in: Jürgen Fohrmann, Harro Müller (Hg.), *Literaturwissenschaft*, München 1995, S. 103-116.
Walter Reese-Schäfer, *Niklas Luhmann zur Einführung*, Hamburg 1999.

David Roberts, *Die Paradoxie der Form in der Literatur*, in: Dirk Baecker (Hg.), *Probleme der Form*, Frankfurt/Main 1993, S. 22-44.
Dietrich Schwanitz, *Systemtheorie und Literatur. Ein neues Paradigma*, Opladen 1990.

Glossar

Allegorie
Meist als erweiterte Metapher definiert; Text oder Textsegment, das über seinen Textsinn hinaus weitere Bedeutungen hat, welche die Interpretation erst erschließen muss.

Apriori
Lat. »vom Früheren her«; unhintergehbare Bedingung der Möglichkeit von Erfahrung, Erkenntnis oder Sprache, die selbst nicht von der Erfahrung, Erkenntnis oder der Sprache modifiziert wird.

Arbitrarität des Zeichens
Die Zuordnung von Zeichen zu den Gegenständen beruht auf Konventionen; die Eigenart eines Gegenstandes kann nicht das Wort erklären, das ihm zu entsprechen scheint; bei de Saussure: Auch die Beziehung zwischen Signifikant und Signifikant innerhalb des Zeichens ist nicht vorsprachlich prädeterminiert.

Ästhetik
Von griech. Aisthesis/Wahrnehmung; Philosophie der Kunst.

Autonomieästhetik
Anders als die praktische oder instrumentelle Vernunft ist Kunst eigenständig und zweckfrei.

Bedeutung
Durch ein Zeichen hervorgerufener Sinn kann sich sowohl auf einzelne Worte als auch auf ganze Texte beziehen; in der Hermeneutik: Bedeutung geht über den Wortsinn hinaus und bedarf der Interpretation.

Denotation
Meist komplementär zur Konnotation: die Grundbedeutung eines Wortes, Verhältnis des Wortes zu seinem Bezugsobjekt.

diachron
Von griech. dia/durch und chronos/Zeit; historische Entwicklung von Ereignissen.

Dialektik
Seit der Antike Gesprächstechnik, prüft im dialogischen Für und Wider die Stichhaltigkeit eines Standpunkts; bedient sich vor allem der Negation.

Diskurs
Uneinheitlich gebraucht; entweder die konkrete Rede über einen Gegenstand (vgl. *parole*) oder deren historisch bedingten und wandelbaren Gesetze und Bedingungen (vgl. *langue*).

Erklären
Bei Dilthey der Gegenbegriff zum Verstehen; Erkenntnisweise der Naturwissenschaften, meist kausale Schlussform.

Gender
Engl. für Genus, Geschlecht; bezeichnet die soziokulturelle Funktion von Geschlechtern im Gegensatz zur biologischen Definition aufgrund von Geschlechtsmerkmalen.

Hermeneutischer Zirkel
Struktur des Verstehens: die Bedeutung des Einzelnen ergibt sich nur im Hinblick auf das Ganze, die Bedeutung des Ganzen wiederum setzt sich aus dem Einzelnen zusammen; die Reichweite des Zirkels wird in den Hermeneutiken unterschiedlich definiert, das Ganze kann sich auf den Text beschränken oder aber Autor, Geschichte und Leser umfassen.

Interaktionstheorie/Metapherntheorie
Erklärt die metaphorische Bedeutung aus dem Kontext ihres Gebrauchs: Metaphern haben keine eigentliche Bedeutung, sondern sind situationsbedingte Abweichungen vom üblichen Sprachgebrauch; Metaphern überraschen, indem sie besondere und unerwartete Ausdrücke einsetzen; im Gegensatz zur Substitutionstheorie betont die Interaktionstheorie, dass Metaphern kreativ und innovativ sind.

Interpretation
Lat. inter/zwischen und pres/Rede; Deutung, Übersetzung, Auslegung einer mündlichen oder schriftlichen Äußerung, weil deren Sinn nicht unmittelbar verständlich ist.

Kommentar
Text, der einen anderen Text erklärt; oft bezogen auf die sogenannte Sekundärliteratur, die davon ausgeht, dass literarische Texte eines Kommentars bedürfen, um verstanden zu werden.

Konnotation
Bedeutung eines Wortes, die von seiner wörtlichen Denotation unterschieden wird; die zusätzlichen Assoziationen eines Wortes.

Langue
System von Regeln und Gesetzen der Sprache und des Zeichengebrauchs.

Linguistic Turn
Von Richard Rorty geprägter Begriff: Sprache als unhintergehbare Bedingung des Denkens und Wissens; Sammelbegriff für ein neues Paradigma, das sich in der Philosophie und Sprachwissenschaft um 1900 herausbildet.

Metapher
Die Bedeutung eines Begriffs wird bei der Metapher durch eine andere ersetzt, wobei die Austauschbarkeit auf einer semantischen Ähnlichkeit beruht (Löwe und Stärke).

Metaphysik
Fragt nach den letzten Dingen (Gibt es einen Gott? Warum existiert die Welt? Was ist der Mensch?) jenseits des sinnlich Wahrnehmbaren; die Metaphysikkritik hingegen ist eine Philosophie, die an der Möglichkeit und den Systemen metaphysischer Erklärungsmodelle grundsätzlich zweifelt.

Methode
Etymologisch mit griech. »Weg« verwandt; zielorientiertes Verfahren mit einem bestimmten Erkenntnisinteresse.

Metonymie
Vertauschung von Begriffen, die auf einer realen Verbindung zwischen beiden beruht.

Mythos
Dem Begriff nach eine Erzählung, Fabel, Sage; meist historisch gebraucht für vorwissenschaftliche Zeiten und Kulturen; der Strukturalismus entwickelt eine formale Betrachtung der Mythen, deren komplexe Struktur sich auch in zeitgenössischen Aussagesystemen findet.

Narrativ
Narration ist die Erzählung, ein Narrativ eine bestimmte Form des Erzählens, die eine eigene Geschichte hat: Ursprungserzählungen etwa sind ein spezifisches Erzählmodell, das in unterschiedlichen Kontexten zur Beschreibung oder Erklärung bestimmter Sachverhalte eingesetzt wird.

Paradigma
Menge von ähnlichen Wörtern.

Parole
Gegenbegriff zur Langue, die konkrete Rede.

Poetik
Lehre von der Dichtkunst, ihren Gattungen und Formen; bestimmt, was Literatur ist.

Poetologie
Reflexion der Lehre der Dichtkunst.

Regelpoetik
Handwerksregeln der Dichtkunst.

Referent/Referenz
Beziehung des Zeichens zu seinem Gegenstand, oft auch als das reale Objekt definiert.

Repräsentation
lat. repraesentatio/Darstellung, Stellvertretung; ein Zeichen steht für einen von ihm unabhängigen Gegenstand.

Semiotik/Semiologie
Wissenschaft von den Zeichenprozessen.

Semiotisches Dreieck
Dreigliedriges Zeichenmodell, bei dem man zwischen dem Zeichenträger (Signifikant), seinem Inhalt (Signifikat) und einem Gegenstand (Referent) unterscheidet; die Definition und begriffliche Unterscheidung seiner drei Aspekte ist umstritten.

Signifikant
Der Teil des Zeichens, der eine Vorstellung hervorruft, die Form des Zeichens (Buchstaben, Lautfolgen, aber auch andere Zeichenträger); de Saussure zufolge so eng mit dem Signifikat verbunden wie zwei Seiten eines Blatt Papiers.

Signifikat
Der Vorstellungsinhalt des Zeichens; de Saussure zufolge so eng mit dem Signifikanten verbunden wie zwei Seiten eines Blatt Papiers.

Substitutionstheorie
Frühe Metapherntheorie, geht davon aus, dass die Metapher einen eigentlichen Ausdruck durch einen uneigentlichen ersetzt, dass sich Metaphern folglich übersetzen lassen; aber was ist der eigentliche Ausdruck für Motorhaube?

synchron
Von griech. syn/zusammen und chronos/Zeit; koexistierende Elemente innerhalb eines Systems zu einer bestimmten Zeit.

Syntagma
Linearer Charakter der Sprache, die Aneinanderreihung von Wörtern.

Theorie
Von griech. Anschauen, Betrachten, Untersuchung; distanzierter als die Methode, erklärt deren Voraussetzungen.

Transzendentalphilosophie
Befasst sich mit den Grundlagen und Begrenzungen der menschlichen Erkenntnis.

Verstehen
Form der Erkenntnis, meist in Verbindung mit der Hermeneutik, bei Dilthey vom Erklären der Naturwissenschaften unterschieden.

Zeichen
Sinnlich wahrnehmbares Mittel der Verständigung; steht für etwas; die Semiotik befasst sich mit den Formen der Zeichenfunktion.

Personenregister

Sachregister

Oliver Simons studierte Germanistik, Philosophie und Kulturwissenschaft in Berlin. Seit 2012 Associate Professor am Department of Germanic Languages der Columbia University in New York. Publikationen: *Raumgeschichten. Topographien der Moderne in Philosophie, Wissenschaft und Literatur*, München 2007; (Hg. mit Alexander Honold), *Kolonialismus als Kultur. Literatur, Medien, Wissenschaften in der deutschen Gründerzeit des Fremden*, Tübingen 2002; (Hg. mit Arne Höcker), *Kafkas Institutionen*, Bielefeld 2007; (Hg. mit Elisabeth Wagner), *Bachmanns Medien*, Berlin 2008.